Jean-Marie Ployé

Neuf mois chez les fous

Editions les 3 Génies

11 rue Chalgrin, 75016 Paris
les3genies@orange.fr
ISBN n° 978-2-917952-00-9

A mes enfants

Quelqu'un gémit. Ça vient du couloir. Me cramponner au sommeil, ne pas entendre.

Plainte horripilante, têtue, obstinée. Je ne me laisserai pas faire, je ne suis pas concerné. Surtout ne pas bouger, ne pas ouvrir les yeux.

L'angoisse est là, bête répugnante. Faire semblant de dormir pour qu'elle ne parle pas.

Ne pas respirer. Refuser l'odeur de désinfectant. Ce lit trop haut me donne le vertige, une sensation d'insécurité…

Qui peut pleurer assez pour transpercer ces murs capitonnés ? Est-ce un malade hurlant son envie de vivre ? A-t-il mal ou tout simplement peur ?

Un appel obsédant que rien ne fait taire. C'est bizarre que personne n'aille voir… Peut-être est-ce un fou ?

J'ai trop chaud, j'en ai marre… Et cette sueur poisseuse qui me colle au matelas, qui me ligote. Je dois sentir mauvais. J'ai soif.

Je hais cet endroit ! Je veux partir. Je veux rentrer à la maison. Je n'aurais pas dû venir. Ils n'ont pas le droit de me garder de force…

Mes habits ! Est-ce qu'ils m'ont laissé mes habits ?

Après neuf mois d'internement en hôpital psychiatrique, il ne se passe pas une nuit sans que ce cauchemar récurrent ne vienne me glacer d'effroi !

275 jours : une longue aventure, un enchevêtrement de situations tragiques et dérisoires, d'élans enthousiastes et de crises de désespoir…

Que suis-je allé faire dans cette galère ?

Une réflexion qui me laisse perplexe, rêveur, volubile et silencieux, selon l'instant où je me pose la question.

Elle provoque ce désir de vider ma tête du fatras qui l'encombre, de passer au peigne fin ma mémoire.

Aligner des mots me rassure et m'aide à clarifier la pagaille mentale dans laquelle je me débats.

L'obligation vitale de ne plus toucher aux substances morphiniques et de ne plus risquer un seul euro aux courses est le prix à payer.

Je pense avoir gagné la partie.

Seulement, mes mensonges, mes erreurs et mes

trahisons me condamnent à finir mes jours en homme seul, même si, en face de moi, j'ai retrouvé le regard aimant de mes enfants et des quelques rares amis qui ne m'ont jamais jugé.

Je n'ai d'autre possibilité, pour aller en appel, que d'écrire et écrire encore.

Une thérapie, peut-être. Un besoin impérieux, sûrement.

... **U**ne syllabe, un mot, un semblant de phrase... Des petits papiers volants que je remplis de cris, d'appels au secours, de rancœurs...

Ecrire m'est un supplice et une jouissance. Je tente de construire une cathédrale avec les petits cailloux d'un chemin imaginaire.

C'est trop dur de ne pas essayer, alors je griffonne en tremblant des mots mal fagotés et, le soir, je cache mon trésor dans une vieille boîte Banania.

Souvent je me relève pour vomir et l'envie me prend, comme ça, de rajouter un semblant d'idée à une phrase inachevée de la veille.

Pour ne pas déranger les autres, j'écris debout dans le couloir, à la faible lumière d'une veilleuse jaunâtre.

Question de survie.

Quelquefois, une goutte suinte du plafond. Une larme ?

Certaines nuits je me fais cueillir par une infirmière qui me ramène dans ma cellule de mort-vivant.

J'ai tenté quelques mots, parfois une ou deux phrases que je relis le lendemain sans en comprendre le sens.

Je replace le chiffon de papier dans la boîte, parmi d'autres chiffons de papier.

J'ai l'impression d'avoir bien travaillé et, dès que le jour point, je me dis qu'aujourd'hui je vais avancer davantage…

Ma main me trahit. Je n'arrive à écrire ni droit, ni serré.

Il m'est très difficile d'admettre que j'ai des choses importantes à raconter et que j'en suis incapable.

Des idées roulent dans ma tête que je ne parviens à coucher sur mes confettis qu'au prix d'efforts considérables.

Je suis vite fatigué mais toujours habité par la même volonté de témoigner au jour le jour car je sais que ma mémoire me trahira.

Cinq ou six boîtes sont ainsi remplies de petits mots ou phrases difficilement déchiffrables. J'essaie de les mettre en ordre, d'assembler ce puzzle improbable. J'ai les angles, les contours : le plus facile.

Je travaille de plus belle jusqu'à m'abîmer. Six ans que cela dure.

Cette drogue est en train de remplacer les autres.

Maintenant que je suis moins gavé de neuroleptiques, il faut que je trouve les éléments qui manquent pour raconter, sans trop les déformer, les faits qui m'ont transformé en un autre homme.

Après m'être vidé de l'inutile, je déplie un à un les accordéons de papier.

Ils renferment des choses terribles.

Il ne me reste plus qu'à construire.

Décembre 2001 :

J'ai d'importantes dettes de jeu que j'ai contractées en pariant inconsidérément aux courses. Le banquier qui était un bon copain – mais quand il n'y a plus de sous, il n'y a plus de copains – après m'avoir questionné sur les raisons de mon découvert, décide de me lâcher.

Il me faut trouver 200.000 francs en moins de 15 jours pour ne pas être contraint à l'hypothèque de ma propriété.

Je me shoote à la codéine depuis six ans.

Je souffre d'une dépression que je transforme, pour que l'on me plaigne, en un cancer de la vessie…

Mon mal-être est profond. Je n'ai le courage de me confier à personne.

Je ne supporte plus, depuis longtemps, le troublant miroir qu'est le regard des autres.

Je ne me rase plus. Mon visage me fait peur.

Je suis seul. J'ai mal. Je me hais.

En une semaine, je contacte quelques amis. Je leur emprunte, sous divers prétextes fallacieux, la somme qu'il me faut pour rembourser ce que je dois, et le 17 décembre, je me rends au casino de Forges-les-Eaux.

Je choisis de jouer le montant de ma quête à la roulette sur un coup, un seul : la chance simple.

Impair, c'est gagné : je rafle le double de ma mise et je rembourse banque et amis…

Pair, c'est perdu : je me supprime.

Une chance sur deux.

Je connais mal les casinos. Je ne m'attarde pas.

Je repère la guérite du caissier. Le change est vite fait.

Je jette rapidement le paquet de plaques à l'endroit prévu.

La petite bille argentée n'en finit pas de tourner avant de s'affaler sur le quatre.

J'ai perdu, tout perdu.

C'est fini.

Il ne me reste qu'à mettre mon projet à exécution.

J'ai loué une chambre à l'hôtel du casino.

J'ai demandé qu'on ne me dérange pas.

Je n'ai pas peur. Je ressens une sorte de bien-être inexplicable.

Je ne me souviens pas avoir été aussi calme depuis très longtemps.

Je pense à ma femme à qui je fais tant de mal.

Je pense à mes enfants.

Je pense à tous ceux que je trahis.

Mais j'ai la bizarre impression que rien ne peut plus m'atteindre.

Rien ne peut plus me faire regretter quoi que ce soit. Je suis sûr d'avoir fait le bon choix !

J'aimerais arrêter la trotteuse de la vie et le « temps suspendrait son vol ».

Alors, je refais le chemin à l'envers. Je revis les meilleurs moments de mon existence de saltimbanque.

Plus aucune trace de culpabilité ne m'habite.

Je pense très fort qu'en vivant le mieux possible les dernières heures de la vie, je me prépare à mieux appréhender les premiers instants de la mort.

J'ai faim. Je commande un menu fin et copieux que je fais accompagner du meilleur vin.

Repu et satisfait de « mon dernier repas », je me lève calmement, longe le bar, j'y sirote un dernier verre « pour la route » et je regagne ma chambre. C'est l'heure.

J'ai tout préparé.

Je sais, m'étant auparavant renseigné, qu'il me faut, pour réussir mon acte, ingérer cinquante gélules d'un psychotrope que je me suis procuré grâce à deux ordonnances dérobées à un ami médecin.

Pour être sûr de ne pas me rater, je me suis prescrit le double de la dose létale.

Je sépare le contenu du contenant. J'obtiens la poudre blanche que je dilue dans un grand verre d'eau.

J'avale d'une traite.

Je me plante devant le miroir de la salle de bains.

J'ai envie de voir mon image se dissoudre.

L'alcool aidant, je me regarde partir sans angoisse.

J'appelle la mort tout en la repoussant.

Combien de temps suis-je resté là, au seuil de la délivrance ?

Je ne sais pas.

J'envie celles et ceux qui ont la foi chevillée au corps.

Cette foi qui déplace les montagnes, je l'ai côtoyée auprès de mon épouse pendant trente-cinq ans.

Je suis donc bien placé pour témoigner qu'elle ne peut se vivre que dans la passion !

Moi, je n'ai jamais eu la chance qu'elle m'agrippe au collet. J'ai pourtant essayé mais il était écrit que je ne ferai jamais partie des « Elus » !

L'après-mort doit néanmoins venir chatouiller la curiosité de tous : athées ou croyants les plus convaincus !

Plus je regarde le miroir, plus je me sens lâche, égoïste, pitoyable et suppliant, comme à la recherche de Dieu.

Minable, malhonnête, je refuse la prière qui ne serait qu'un contrat d'assurance tardif pour l'au-delà.

Je voudrais croire comme on respire, sans poser de questions, sans preuves, sans doutes, sans craintes.

Je voudrais Le voir partout : dans les arbres et les fleurs, dans les champs de blé, dans la mer bleue de Porto-Vecchio, dans les eaux fraîches d'un torrent corse, dans la beauté d'un cantique grégorien…

Je voudrais que mes dernières prières soient de joie, je voudrais Lui dire merci dans un dernier chant d'allégresse du corps et de l'esprit et non Lui murmurer des plaintes, quémander des réparations, mendier des faveurs…

Je voudrais L'aimer gratuitement, sans récompense, pour l'unique plénitude qu'est l'amour dans l'éblouissante certitude de Son existence…

Je voudrais, je voudrais, je voudrais…

Mes forces doucement me quittent.

Un trou béant s'ouvre devant moi qui m'attire comme un aimant.

Je vais sauter.

Au banquet de la vie, infortuné convive que je fus durant les moments difficiles, je quitte la table, encore affamé de bonnes choses.

Et si je faisais semblant de mourir comme j'ai si souvent fait semblant de vivre ?

Dans un dernier sursaut, j'essaie, avec ce qu'il me reste d'énergie et de lucidité, de m'agripper à quelque chose. Les parois sont lisses.

Mes mains battent le vide qui m'aspire dans un gouffre sans fond…

23 décembre 2001.

A l'hôpital le plus proche, je sors miraculeusement d'un coma de cinq jours.

Réveil effroyable.

Même ma mort… j'ai même raté ma mort !

Les médecins disent m'avoir sauvé in extremis après plusieurs lavages d'estomac.

Je suis sous perfusion, la main de ma femme dans la mienne.

Qu'est-il exactement arrivé pour que je sois encore de ce monde ?

D'après ma famille et le corps médical, deux éléments concomitants ont fait échouer mon plan « imparable ».

J'aurais fait plusieurs allers-retours entre l'hôtel et son parking jusque tard dans la nuit qui ont attiré l'attention du personnel de réception.

Ensuite, au lieu de m'être tenu à la dose létale prévue, j'ai ingéré le double de gélules sans anti-vomitif, ce qui a eu pour effet de me faire restituer une partie du liquide avalé.

Ces deux erreurs m'ont sauvé !

Le jour de Noël, je suis conduit à l'hôpital Sainte-Anne.

Après un entretien interminable avec un médecin psychiatre, ma femme décide de m'interner en H.D.T. (hospitalisation à la demande d'un tiers).

Très affaibli, je me laisse faire, bêtement. Mais il est évident que si j'avais su que cette passivité me vaudrait neuf mois d'enfer psychiatrique, je me serais davantage rebellé !

Le soir même, je suis transporté au centre hospitalier spécialisé (nom très pudique donné aujourd'hui aux hôpitaux psychiatriques) de Trémont-sur-Oise en attendant mon transfert pour Saint-Sauveur-le-Manoir, établissement de soins mentaux d'où dépend mon domicile.

Je me sens sale et laid.

Je ne reconnais dans les autres patients ni mon visage, ni l'ombre de mon corps squelettique.

Sept jours et sept nuits que je croupis dans ce trou à rats.

Autour de moi, une quarantaine de malades, toutes pathologies confondues.

Je partage ma chambre avec un jeune maniaco-dépressif qui passe ses jours et ses nuits à se… coiffer et à dormir.

A côté, se trouve un homme d'une trentaine d'années que le regard bleu transparent et une apparente quiétude rendent sympathique et abordable.

Je tente un dialogue de rapprochement qui s'avère vite impossible. Il ne s'exprime que par borborygmes et onomatopées.

La cellule d'en face est occupée par une jeune fille de vingt ans. Elle a tenté de mettre fin à ses jours à deux reprises en trois semaines. (Médicaments insuffisants pour provoquer la mort et pendaison ratée).

2 janvier 2002 : transfert en ambulance au Centre hospitalier de Saint-Sauveur-le-Manoir.

Je suis reçu par le médecin psychiatre d'un pavillon délabré à souhait. Ce monsieur souriant, avenant est aussi petit qu'il semble gentil.

Il dit connaître mon parcours par cœur (!) et tente de me rassurer :

« Ne vous inquiétez pas Monsieur Ployé. Nous allons vous soigner comme il se doit et si vous suivez votre traitement, vous serez sorti de cet hôpital très bientôt ! »

Il me serre une main ferme et appelle un infirmier qui me conduit à ma « chambre ». Pour les quinze premiers jours, je suis jeté dans une « suite ». Seul.

Un lit très étroit fixé au sol (j'ai appris plus tard, à la suite d'un accident tragique, qu'ils ne l'étaient pas tous), une armoire métallique, une table minuscule, un tabouret et une fenêtre à barreaux sans ouverture possible : je suis en prison !

Il y a huit cellules ou dortoirs répartis sur deux étages.

Au rez-de-chaussée, un long couloir d'un gris qui a dû être clair conduit à la salle commune meublée de grandes tables en formica, d'une vingtaine de chaises « bistrot » et de deux armoires dans lesquelles sont entreposés quelques livres et jeux de société.

Cette salle au sol carrelé « fleure bon » le désinfectant et accueille vingt-cinq patients qui s'occupent comme ils le peuvent toute la sainte journée, vaguement surveillés par trois ou quatre soignants.

Deux jours après mon arrivée, l'infirmière chef me fait lire, avant que je ne sois mis K.O. par les neuroleptiques, le règlement intérieur et me le fait signer.

Je suis surpris et presque fier que l'on daigne encore me faire signer quelque chose.

7 heures : lever.

Douche (froide sauf pour les quatre ou cinq premiers patients car le ballon d'eau chaude ne contient que cinquante litres)

7 heures 30 : prise de médicaments et première injection d'un neuroleptique très puissant qui, pris à haute dose, diminue les facultés de discernement, de réflexion et donc de rébellion.

7 heures 45 : petit-déjeuner après lequel nous regagnons nos chambres.

8 heures 30 : les infirmiers nous prient de sortir et ferment à clé.

Nous sommes alors vingt-cinq à errer pendant plus de trois heures dans la salle commune de soixante-quinze mètres carrés qui nous est dévolue.

Les uns marchent, se déplacent comme ils le peuvent entre chaises et tables, se bousculent quelquefois et lorsqu'ils se télescopent, s'engueulent !

Les autres, tels Marcel, Elodie et Chantal restent assis des heures entières, rêvassent ou soliloquent. Les places de ces trois-là sont toujours les mêmes et nul n'aurait l'idée saugrenue de les leur voler ! Ils ont marqué leur territoire et lorsqu'ils se lèvent, pour quelque raison que ce soit, « leurs » chaises restent vides !

Quant à Hector, il se traîne à quatre pattes, comme un bambin qui apprend à marcher et lèche les chaussures de ses infirmières préférées.

Midi : prise de médicaments puis déjeuner après lequel nous pouvons regagner nos appartements pour une sieste d'une heure.

A 13 heures 30, les chambres sont refermées : tout le monde sur le pont pour continuer le boulot harassant que nous avons précipitamment cessé deux heures plus tôt.

Nouvelle prise de calmant à 16 heures en guise de goûter.

Peu avant le dîner de 18 heures 30, nouvelle distribution de « bonbons » et, pour la majorité d'entre nous, seconde injection de la « piqûre du dingue »...

Nous devons avoir quitté le réfectoire vingt minutes plus tard.

Nouveau temps mort jusqu'au film TV du soir. Nous errons toujours !

La prise de somnifère(s) a lieu à 22 heures 30 précises, film terminé ou pas !

C'est l'heure où, enfin, nous pouvons regagner nos paillasses.

23 heures, un coup de sifflet - le même au réveil - nous indique l'extinction des feux.

Je vis près de trois cents fois cette oisiveté dévastatrice.

Jour après jour, semaine après semaine, elle m'a désintégré.

Les quelques taulards assassins et violeurs que je vois défiler pendant mes neuf mois de détention et dont la longue peine de prison est assortie d'une injonction de soins psychiatriques, ne cessent de compter les jours qui les séparent de leur retour en centrale : « On a nos potes là-bas, nos habitudes, on se couche quand on veut, on travaille si on veut occuper le temps et se faire un peu d'argent pour cantiner, on mange mieux qu'ici, on n'est pas lessivés par les médicaments et on ne pense tous qu'à une chose : s'évader… Ici, c'est l'enfer sur terre ».

Les visites, à l'exception du conjoint et des enfants majeurs, sont interdites les quinze premiers jours.

Il n'y a pas de parloir. La famille et les amis sont reçus dans une petite pièce sans porte, sorte de petit appendice à la salle principale.

Pour les visiteurs, c'est un calvaire que de voir défiler les zombies que nous sommes devenus. Ma plus jeune fille a failli s'évanouir.

Ma femme, mes quatre enfants, mes frères et sœurs et les amis qui me sont restés fidèles espacent leurs déplacements jusqu'à ne plus venir du tout.

Le téléphone est le seul lien que je conserve avec ceux que j'aime.

Mais la bouche pâteuse, l'élocution difficile provoquée par le traitement, le bruit ambiant et une lente compréhension de ce qui m'est dit rendent les conversations difficiles, les écourtent puis les raréfient.

Il ne me reste que les quelques souvenirs d'un passé que j'enjolive, beaucoup de rêves et… mes boîtes Banania !

Le règlement intérieur stipule que les relations sexuelles sont interdites au sein du pavillon.

Pour la plupart d'entre nous, la prise d'antidépresseurs puissants diminue la libido et rend improbable ce genre de sport.

Pour les « valides », une organisation s'est mise en place : quelques-uns font le guet, d'autres occupent les infirmiers.

Des couples peuvent donc se retrouver un instant.

Mais attention : un rapport sexuel découvert coûte une semaine de cellule d'isolement !

La solidarité entre patients fonctionne mais le personnel soignant n'est pas dupe.

En ces lieux que seul le diable a pu inventer, je plonge dans la folie ambiante, sans résistance possible.

Je suis disséqué par trois psychiatres en quinze jours : « on » a décidé de me placer. Combien de temps ? Seuls ma femme et le médecin du pavillon, en accord avec les services de la préfecture, peuvent m'en faire sortir.

Je souffre mille maux.

Les doses de médicaments sont phénoménales. Je sens que je suis en train de devenir fou pour de bon !

Ce que je vois autour de moi est effarant. Indicible.

C'est la cour des miracles et le train fantôme réunis !

Il me faut une quinzaine de jours pour m'apercevoir que je suis en route pour le néant.

Livide, je bave, je tremble, je confonds le jour et la nuit.

Je ne me reconnais plus.

Je suis mon propre fantôme. Un fantôme rampant, rasant les murs gris de ce pavillon délabré.

Je vomis mes repas. Je ne peux rien faire qu'observer celles et ceux qui sont dorénavant mes compagnons d'infortune.

J'habite « Les Bleuets ».

Les médecins font se côtoyer à dessein toxicomanes, alcooliques en cure, dépressifs, paranoïaques, schizophrènes, suicidés ratés, assassins en attente de soins psychiatriques, autistes, drogués etc.

Mais aussi deux ou trois personnages en quête d'identité dont je ne parviens pas à savoir, tellement ils ressemblent à monsieur-et-madame-tout-le-monde, ce qu'ils font parmi nous. Peut-être se posent-ils la même question à mon endroit ?

A cause du traitement administré, je tremble et je bave, je ne parviens plus à marcher droit, je ne peux plus écrire. Je ne peux plus lire non plus : les lettres se brouillent, s'entremêlent.

J'ai constamment envie de vomir. Je pleure ma femme et mes enfants.

Dans ce « fourre-fous » surréaliste, j'ai peur… Je vais crever !

Au réfectoire, qui sert aussi de salle de télévision, nous sommes répartis par tables de six.

Je me retrouve entre Jean, dentiste en cure de

désintoxication alcoolique et Marie-Marthe, chanteuse lyrique, qui hurle Carmen à chaque repas.

En face, Bernard, instituteur pédophile dont je n'ai jamais entendu le son de la voix.

A ses côtés, Josiane, jeune femme d'une trentaine d'année qui a dû être jolie mais dont le visage est ravagé par un prurit consécutif à des prises de médicaments nocifs agrémentées de morphine.

Enfin, Célestin auquel j'aurais donné le bon Dieu sans confession mais dont j'ai su plus tard par un infirmier trop bavard, qu'il avait étranglé sa maîtresse avec la cravate qu'elle venait de lui offrir pour son anniversaire ; le cadeau ne lui plaisait pas !

Quant à Jean-Hugues, les infirmiers le cachent dans le coin le plus éloigné de l'entrée où il mange seul, table face au mur, car il recrache une grande partie des aliments à mesure qu'il tente de les avaler.

S'il existe un enfer, je n'en suis pas loin.

Mais malgré la camisole chimique qui nous ligote tous, quelques patients sont conscients de la souffrance des autres.

La discrétion observée par la plupart des soignants génère des interrogations chez celles et ceux d'entre nous qui ne veulent ou ne peuvent se livrer.

Je parviens, dans les quelques rares moments de lucidité que m'offrent les neuroleptiques, à observer mes camarades de combat qui semblent les plus indifférents à l'environnement bizarre et morbide de cet asile.

Ils ne sont sûrement pas les moins touchés et se laissent rarement entraîner dans des discussions qui pourraient les amener à parler de leurs problèmes, ceux-là mêmes qui ont provoqué leur présence en ces murs.

Timides, peut-être. Patients introvertis, inhibés, c'est plus probable. Autistes, je n'en sais rien.

Je remarque néanmoins qu'ils ont, dans leur immense majorité, peur de parler parce que peur d'être jugés.

Ils se taisent et semblent souffrir davantage.

Jean est de ceux-là.

J'apprends, par hasard, qu'il est chirurgien-dentiste ; je prétexte, pour rentrer en contact, une grosse carie dont je souffre depuis une quinzaine de jours.

Il m'examine gentiment, me conseille même la pose d'un bridge pour une prémolaire manquante et commence, petit à petit, à me parler de lui.

Jean était un alcoolique mondain.

Lorsqu'il venait de boucler une grosse journée de travail, il avalait, en guise de remontant, un whisky bien servi.

D'un, il est passé à deux, puis à trois verres sans se douter qu'il devenait dépendant, donc malade alcoolique.

Les jours, où, par hasard, le précieux alcool manquait, toutes affaires cessantes, il parcourait les douze kilomètres qui séparent sa propriété de l'épicerie la plus proche.

Jean me certifie n'avoir jamais été saoul, mais il se sait malade. (C'est le début de la guérison que de reconnaître l'existence de l'addiction).

Il est resté au manoir durant une cure de désintoxication qui a duré trois semaines… Je n'ai pas eu de nouvelles depuis.

Et puis, il y a Léon.

Je me souviens avoir vu, dans les années 80, un film de Jacques Deray : *Un papillon sur l'épaule.*

Tel le patient schizophrène du film, Léon caresse affectueusement et sans discontinuer, une petite souris invisible. Il l'appelle Dudulle.

Lorsque Léon a quelque chose d'important à dire, il le fait au nom de Dudulle : « Madame l'infirmière, Dudulle vient de me glisser à l'oreille qu'elle avait très mal mangé à midi… Jean-Marie, Dudulle m'a demandé si tu finissais ta compote… Odile, viens caresser Dudulle, elle a envie d'un gros câlin… Docteur, Dudulle n'en peut plus d'entendre ces hurlements de dingues, elle va devenir folle, vous allez voir ! »

La main droite de Léon ne quitte jamais son épaule gauche sur laquelle Dudulle, sans se faire remarquer, a élu domicile !

Dans un autre registre, Nicole. Les trois précédentes

cures de désintoxication s'étant avérées inefficaces, elle en est à son quatrième séjour.

Cette jeune femme d'une quarantaine d'années qui en paraît soixante, buvait chez elle plus de deux bouteilles de Ricard sec par jour.

Tout a été très progressif mais, en fin de parcours, Nicole ne quittait plus son lit et se faisait livrer par cartons entiers.

Elle avait hérité de l'importante fortune que lui avaient laissée ses parents décédés accidentellement et ne trouvait plus guère de sens à sa vie.

L'alcool lui avait fait perdre son mari médecin et les deux enfants dont il a facilement obtenu la garde.

De plus, la plupart de ses amis l'ont fuie.

Pourquoi, alors, avoir un jour alerté les secours ? Elle disait ne pas pouvoir l'expliquer, hors, peut-être, l'instinct de conservation des derniers instants qu'elle sentait venir.

Puis, fin janvier, arrive Claude. Tout de suite son allure, son regard ouvert invitent à un dialogue dont je prends l'initiative.

Assez grand, la quarantaine déjà grisonnante, cet homme est assez prolixe mais possède une grande capacité d'écoute.

Nous nous retrouvons rapidement inséparables d'autant qu'il souffre, comme moi, d'une grave dépression qui l'a conduit aussi à une tentative de suicide.

Intéressant, cultivé (polytechnicien), mon nouveau copain n'en croit pas ses oreilles lorsque je lui conte, par le menu, la vie que je mène ici depuis vingt jours et il n'est pas nécessaire d'en rajouter des kilomètres tellement il semble terrifié par ce qui l'entoure.

Il y a un point, néanmoins, sur lequel nous ne sommes pas tout à fait d'accord, c'est le psychiatre qu'il surnomme tout de suite le petit général.

Il le trouve fuyant, imbu de sa petite personne et flagorneur à souhait, ce qui, je dois l'avouer, ne m'avait pas sauté aux yeux.

Je suis en tout cas heureux de trouver chez Claude beaucoup de chaleur, d'humanité et un zeste de révolte rentrée qui va très vite nous rendre complices.

Il souffre énormément de la situation présente et ne comprend pas la manière dont nous sommes traités.

Sa famille - une femme et trois enfants - lui manque douloureusement mais il a demandé que personne ne vienne lui rendre visite tant qu'il n'aura pas retrouvé, avec sa tenue de ville, un minimum de dignité.

Claude n'aurait jamais imaginé que l'on puisse laisser vingt-cinq personnes errer en pyjama en un espace si restreint au vu de tout le monde, visiteurs compris !

« Où est ma fierté ? Qu'a-t-on fait de notre dignité ? Non ! Je ne veux pas d'un lavage de cerveau ! »

Je perçois en Claude un futur rebelle : je me sens moins seul.

Début février 2002.

Emmanuel, mon fils aîné, me rend visite et m'apprend que le jardinier du Casino de Forges-les-eaux a trouvé la sacoche que je pensais avoir bien cachée dans des buissons, non loin de l'hôtel : j'étais persuadé que l'on ne la retrouverait jamais.

Elle contenait mon journal intime dans lequel j'avais noté mon funeste projet ainsi que toutes les frasques et aventures que je m'étais offertes durant six années sous effet des opiacés ingurgités à haute dose.

Se trouvaient également dans cette sacoche quelques lettres tendres d'une amie très... chère, mes relevés bancaires de janvier à novembre 2001, la liste des proches m'ayant prêté de l'argent, la somme due à chacun et des ordonnances de Dafalgan codéiné provenant de différents médecins.

Evidemment, mon agenda était vide de rendez-vous à l'hôpital Paul-Brousse de Villejuif où j'étais censé avoir subi les douloureuses chimiothérapies que réclamait mon cancer.

Ma femme a largement pu visiter mon jardin

secret et découvrir un mari infidèle, joueur, manipulateur et toxicomane.

D'après mon fils, elle était effondrée, détruite, laminée !

Ainsi, j'ai tout perdu : mon épouse, mon métier, la confiance d'une grande partie de ma famille et de nombreux amis.

Notre propriété est mise en vente pour rembourser une partie de mes dettes… Je suis nu et j'ai froid.

Heureusement, il y a mes enfants !

J'aimerais que tous ceux que j'aime et que je fais atrocement souffrir sachent que j'en ai bavé comme un damné, que je me suis senti blessé à mort et que… J'ai survécu.

Mais si on ne meurt pas de trop souffrir, on n'oublie pas non plus. C'est quelquefois pire !

Deux années plus tôt.

Je ne suis pas méchant.

Ce que je fais endurer à mes proches dans ces années 2000/2001 ne l'est jamais en direction de quiconque, mais uniquement parce qu'un terrible mal-être m'habite.

Je ne suis pas cruel non plus car j'ai compris ce qui me pousse à balayer d'un coup de patte ce qui me dérange : la peur. Ça rend dangereux, la peur… La mienne ne m'a jamais quitté.

Je ne voulais plus souffrir de cette douleur qui s'échappe du cerveau pour envahir le corps, qui déchire au point de ne plus savoir si l'on hait la vie ou la mort.

Cette souffrance atroce m'a jeté tête baissée vers les murs sans issue d'un délire voisin de la folie.

Mais la codéine et la passion du jeu ont assourdi cette peur.

Leur ivresse m'a rendu lyrique et imaginatif : je me suis très vite installé dans le mensonge, engrenage infernal.

La comédie inventée pour me rassurer a fini par

ressembler à la vérité, tant elle me collait à la peau.

J'étais l'image du bonheur !

C'était presque vrai… Presque seulement.

On me pensait même complètement heureux pendant ces parenthèses de gaieté artificielle car je préférais de beaucoup - un maximum de comprimés avalés - me livrer à de grandes envolées du corps et de l'esprit qui, merveilles des merveilles, restaient superficielles mais m'aidaient à créer.

Toute possibilité de souffrir soigneusement anesthésiée, j'étais rassuré…

J'avais tendance à décorer mes aventures d'élans fictifs.

Je pleurais, je riais, je poétisais.

J'étais ravi de faire comme tout le monde mais paradoxalement inquiet de me sentir différent lorsque j'osais affronter mes vérités, ce qui devenait de plus en plus rare.

Je crois que l'être humain a besoin de vérité, mais il a besoin, davantage encore, de ce qui le flatte, le console, lui donne des espérances infinies : je veux parler de l'immense pouvoir que confère l'imagination, nom propre du mensonge

Sans elle, nous péririons de désespoir et d'ennui !

C'est la raison pour laquelle j'ai eu le « courage » de vivre mes mensonges jusqu'à ma « mort » car il me semble que, dans certains cas, il explique mieux que la vérité ce qui se passe dans le cœur de l'homme.

Maintenant, je veux quitter la nuit, son carnaval de rêves éveillés, ses ombres indulgentes, pour le jour et sa lumière crue qui arrachent les masques, chassent les tricheurs et laissent les yeux brûlants, l'âme déchiquetée par le soleil glacé d'un interminable hiver.

C'est un combat que j'essaie de gagner, round après round.

Ici, à Saint-Sauveur, à cause de la camisole chimique, mon visage se flétrit, se ride. J'ai vieilli de cinq ans en deux mois !

Je ne suis plus qu'une pauvre bête éteinte regardant, immobile, un toboggan qui va la faire doucement glisser jusqu'à la folie !

3 heures du matin. Ce que je ressens au plus profond de ma solitude est indicible mais je tente, néanmoins, de mettre des mots là où le silence me pèse trop. Il me faut le nommer ce mal-être.

La très pénible impression de n'être plus grand-chose pour grand monde, l'immense souffrance qui m'oppresse en pleine nuit quand tout n'est que silence pesant, l'étau duquel je ne peux me dégager et qui m'étreint la poitrine, les trop longues insomnies qui me font hurler de l'intérieur, m'inviteraient presque à retomber dans des démons anciens que je pensais disparus !

Alors, je fouille ma mémoire de fond en comble et

je fais le tri de cette accumulation de minuscules instants qui vont du désespoir à un semblant de bonheur, nuancé selon toute la gamme des couleurs que prennent les émotions les plus diverses.

Mais c'est ici, l'enfer ! Et plus je parviendrai rapidement à retrouver dans ma fragile mémoire les incidents de ma vie qui m'ont conduit jusqu'ici, plus vite j'en sortirai.

Cela passe par une réflexion impérieuse : mais bon Dieu ! POURQUOI cette descente aux enfers ?

Je dois parvenir à trouver des réponses à cette question si je ne veux pas être condamné à une prison fermée par l'avant et l'après.

L'avant, c'est, en 1997, l'ablation délicate et ratée d'un ménisque provoquant une souffrance sourde et lancinante que ne peuvent calmer les analgésiques simples.

Un médecin me prescrit un paracétamol codéiné qui me soulage immédiatement et me procure une sorte de bien-être et même d'euphorie auxquels je m'habitue rapidement.

La codéine, de la famille des opiacés, devient, prise à haute dose, une drogue redoutable.

Rapidement intoxiqué, sans effets secondaires apparents, je passe, en consultant plusieurs médecins, de trois cachets quotidiens à une bonne vingtaine en fin de parcours.

L'avant, c'est aussi, la même année, le décès par infarctus de mon père dont je pense, aujourd'hui, n'avoir pas avoir encore fait complètement le deuil.

L'avant, c'est encore, un peu plus tard, la rencontre fortuite au café-PMU de mon village, d'un propriétaire de chevaux de courses qui me fait visiter son haras de Fontainebleau.

Il connaît combines (dopage des chevaux, corruption de certains jockeys et propriétaires) et martingales diverses qui vont me permettre de gagner en six mois plus de 400.000 mille francs que je perds en une dizaine de semaines aussitôt ce type disparu de la circulation.

A-t-il été repéré par la mafia ou la brigade des jeux ? Je ne le saurai jamais.

C'est alors la spirale infernale, j'ai les courses dans la peau, je deviens dépendant et je perds tout.

Pour me « refaire », j'emprunte à la banque qui me fait totalement confiance plus de deux cent mille francs en plusieurs fois, inventant des difficultés passagères.

De juillet à décembre 2001, les courses me sont fatales et mon compte en banque correctement garni vire au rouge foncé.

L'avant, c'est enfin l'invention diabolique de ce faux cancer qui vient remplacer, pour mon entourage, une vraie dépression dont personne ne plaint jamais personne.

Je ressens toujours ce besoin impérieux de reconnaissance. Alors, profitant des vacances de Noël, le 28 décembre 2000, je réunis femme et enfants pour leur annoncer, sans sourciller, que je suis atteint d'un grave cancer de la vessie.

Et cette monstrueuse supercherie a duré une année entière.

J'ai dû offrir à mes proches (famille, amis, membres du groupe *Le Quintet*) des trésors de mensonges sans cesse renouvelés en essayant de ne jamais me piéger.

J'ai inventé des voyages à Villejuif toutes les trois semaines pour y subir un protocole de chimiothérapie assez lourd.

Je me suis provoqué de fréquentes nausées.

J'ai quitté précipitamment certaines répétitions professionnelles prétextant malaises, vertiges et vomissements.

Je me suis maladroitement coupé les cheveux dont j'ai dispersé quelques échantillons dans des endroits stratégiques (oreillers, lavabo, douche, siège de voiture etc).

J'ai même fait téléphoner une amie - la seule à connaître la vérité - à mon domicile : « Je suis l'assistante du professeur Untel et je voudrais vous rassurer quant à l'état de votre mari qui supporte à merveille son traitement… »

Ce coup de fil eut le double avantage d'adoucir la souffrance des miens tout en crédibilisant davantage encore l'imposture !

Ma femme et mes enfants souffraient de me voir souffrir sans jamais se plaindre… Je culpabilisais de plus en plus mais ne pouvais reculer.

Le Quintet, groupe vocal professionnel avec lequel je travaillais depuis plus de trente ans, compatissait et avait surtout peur de perdre un des siens, ce qui aurait signifié, à plus ou moins long terme, l'arrêt de toute activité artistique lucrative.

Pour mes camarades de jeu, la création s'avérait secondaire et ma « maladie » préoccupante.

De plus, ils jalousaient mes premiers essais cinématographiques dont la presse faisait largement écho.

L'atmosphère au sein du groupe devenait de plus en plus pesante, irrespirable et délétère.

J'étais allé trop loin, prisonnier de mon imagination.

L'engrenage me broyait et je souffrais autant que je faisais souffrir.

Aujourd'hui, huit ans plus tard, je ne saurais dire les causes exactes qui m'ont incité à ce mensonge, sinon qu'un extrême mal-être m'habitait.

Je suis au bout du bout, au fond du fond.

Par-dessus mon pyjama, costume réglementaire depuis début janvier, j'enfile un pantalon en velours côtelé, un gros anorak et, profitant d'une porte négligemment entrouverte, je m'évade de ma prison d'aliénés.

Je ne sais où aller. Qu'importe, je sais d'où je viens !

Je prends le premier car pour la ville. Je n'ai pas un sou vaillant alors j'affirme qu'un ami m'attend qui paiera la course au terminus. Le chauffeur me fait confiance.

Arrivé gare routière, je me fais cueillir par la police rapidement alertée par une aide-soignante qui m'a aperçu à l'abribus de Saint-Sauveur.

Peu après, une ambulance arrive et je suis, sans ménagement, rapidement ceint de la camisole réglementaire : retour à la case départ.

Présenté à l'autorité compétente - médecin psychiatre - le verdict tombe comme un couperet :

« Je suppose que vous savez à quoi vous en tenir, monsieur Ployé ? Deux semaines en cellule d'isolement.

Mais vous allez voir, vous y serez bien... Vous allez vous reposer ! »

Je crois rêver. Mon sang se glace. Je ne connais de ce « mitard » que ce qu'en disent les patients qui en sortent.

J'entends aussi leurs cris, hurlements d'angoisse, de peur et de solitude qui déchirent mes nuits de cauchemars...

Une cellule de 2m50 sur 1m80, murs et plafond capitonnés, un sol en terre battue, une lucarne, sorte de petite meurtrière, une bouche d'aération, une paillasse, deux couvertures, un tabouret et un seau de toilette. Une petite veilleuse pâlotte diffuse une lumière blafarde : c'est mon nouvel univers !

De plus, la hauteur du plafond et ma très grande taille font que je n'y peux tenir debout que légèrement ployé.

Les geôliers visitent leur taulard trois fois par jour pour la piqûre double dose, la distribution d'une gamelle immangeable et des autres médicaments.

Les murs et le plafond génèrent silence étouffant, atmosphère irrespirable et solitude pesante.

Malgré la minuscule lucarne, je perds très rapidement la notion de l'heure, du jour et de la nuit.

Ce traitement est inhumain. Je vais devenir fou. Pour de bon !

Je pleure, je hurle, je supplie, je prie, je vomis.

De véritables angoisses m'étreignent, m'étouffent.

A demi conscient, je me soulage souvent à même

la paillasse, le souffle me manque, c'est la fin...

Puis je me calme et m'assoupis... Combien de temps ? Je l'ignore : ici, cette notion n'existe pas. Le temps n'a pas d'heures, il n'est rythmé que par une succession de rêves à demi éveillés et de terribles cauchemars qui laissent le corps haletant, dégoulinant de sueur, hébété.

Ce psychiatre est plus fou que les « fous » qu'il enferme !

J'ai de nouveau envie d'en finir mais une force intérieure insoupçonnée me pousse à réagir pour pouvoir, un jour, sortir de ces lieux maudits et témoigner !

Au bout de quinze longues « nuits » de vingt-quatre heures, on vient me libérer de mon cachot.

Je ne suis plus qu'une longue carcasse à laquelle on a enlevé toute faculté de réflexion et de rébellion.

Je reprends mon errance, je ne suis plus rien, comme lobotomisé.

Quelques jours plus tard, sans savoir ce que je viens de vivre, ma femme me rend visite pour m'annoncer qu'elle s'apprête à demander la séparation pour fautes.

Je comprends et ne trouve rien à dire.

Elle sent mon immense désarroi.

Je la regarde s'éloigner sans réaction, des larmes coulent à l'intérieur de mes joues, je suis anéanti.

Pour longtemps.

Je pensais bientôt sortir. Erreur.

Où serais-je allé, qui m'aurait attendu, de quoi aurais-je vécu ?

Je paie très cher mes trahisons.

La nuit même, très froide où il n'y a pas suffisamment de couvertures pour que chacun en ait deux, Claude, mon ami et nouveau compagnon de chambre, s'accroupit dans le coin près de mon lit, rêve qu'il est aux toilettes, fait ses besoins sur moi en hurlant.

Une infirmière de nuit accourt, le calme, change la literie et nettoie.

Le lendemain, le chef place Claude dans une chambre où il se retrouve seul.

On me sépare de mon ami, mon confident au caractère bien trempé, le seul qui me comprenne et avec qui je commence à partager la même aversion pour le patron.

Claude et moi sommes les seuls à ne pas dérouler le tapis rouge au petit général qui nous appelle avec délectation et condescendance « ses rebelles ».

La chambre est vide. Désespérément.

La semaine suivante, une infirmière s'inquiétant de son absence aux soins retrouve mon ami, suicidé.

Il a dressé son lit et noué un drap tressé à l'un des barreaux supérieurs. Avec l'autre extrémité il s'est entouré le cou d'un nœud coulant et s'est laissé tomber brusquement sur les genoux.

Les cervicales ont cédé sur le champ.

L'infirmière a trouvé le mot qu'a laissé Claude sur sa table de nuit : « Le petit général est dingue, je n'en peux plus, j'ai trop mal dans ma tête ».

J'ai pleuré mon pote. Longtemps. Je me suis senti responsable de son isolement et j'ai demandé à être logé en dortoir.

Depuis ce funeste jour, tous les lits ont été scellés au sol.

Colère étouffée, optimisme à la poubelle, sourire de carnaval, mauvaise nuit, nerfs à vif, somnifères, insomnie tenace, promenade nocturne dans le couloir glauque, sueurs froides, nausées : tout le train-train de la crise d'angoisse…

Le doute est là, cette saloperie visqueuse qui colle à l'âme comme un chewing-gum à la semelle, avec sa mauvaise foi, sa voix moqueuse qui trouve les arguments subtils, se les répète inlassablement.

Je me sens trop minable pour lutter alors je m'invente des drames comme pour excuser un désespoir injustifié.

Les petites pilules qui font du charme, les larmes dans les chiottes, l'aube qui se refuse, les autres qui dorment, le souffle régulier d'un sommeil paisible que je voudrais contagieux et qui ne fait qu'exaspérer les écorchures de la fatigue, et puis le sexe qui demande une masturbation que je ne peux satisfaire à cause des antidépresseurs qui dérobent jusqu'à ma virilité…

Cela finit dans une somnolence tardive qui arrive quand, moulu, au bord du vertige, le sommeil me prend enfin alors qu'il est l'heure de se secouer.

C'est la difficile remise en route, l'inévitable sale gueule que me renvoie le miroir brisé des lavabos communs et une grosse envie de pleurer.

C'était une nuit ordinaire.

Le café âpre est avalé sans gourmandise.

Timidement, le retour au bon sens s'amorce, sorte de calme après la tempête.

La paix intérieure ressemble à l'amour : elle n'est jamais acquise.

Dès que l'on cesse d'en prendre soin, elle se détériore. J'en sais maintenant quelque chose !

Tous les grands sentiments ont besoin de ce mouvement.

L'immobilité, l'hibernation sont synonymes de mort lente.

Admettons, lors des dernières années précédant mon internement, qu'en augmentant les doses de codéine, j'aie cédé à la tentation de fuir…

C'est moi que je fuyais, pas la vie, pas le présent.

Si je me dopais, si je mentais, c'était pour faire face à tout ce qui aurait pu nuire à un bonheur qui m'a inondé le cœur, le corps et l'âme et auquel j'avais presque fini par croire tant je l'avais attendu. Trente-quatre ans de vie de couple, quatre superbes enfants et un métier passionnant lui donnaient sa juste valeur.

Quand je l'ai senti en péril à cause de mes addictions, quand j'ai redouté ma propre faiblesse devant ce vertige qui déferlait sur moi, j'aurais fait n'importe quoi pour trouver la force de sauvegarder ce bonheur.

J'ai alors tenté de trouver dans mon lointain passé, voire dans ma petite enfance, quelque explication qui me satisfasse.

Octobre 1938. Naissance de Jean-Marie Ployé.

A vingt-six mois, après d'atroces souffrances, il ne survit pas à une méningite aiguë que le médecin de famille diagnostique trop tard.

Mon futur père est prisonnier de guerre en Prusse Orientale puis libéré par les Russes fin juin 1945.

Il retrouve son épouse à Hermilly-sur-Ance le 25 juillet.

27 avril 1946, j'ouvre un œil sur le monde.

Mes parents, en souvenir de mon défunt frère, trouvent réconfortante l'idée de me prénommer… Jean-Marie ! (Beaucoup de psychologues et psychiatres de tout poil trouvent là matière à pérorer… Ils n'ont peut-être pas tort) !

Nourri au sein puis à la phosphatine Fallières, je me permets, à l'âge de six mois, de rafler le deuxième prix de beauté des bébés de la petite ville d'Hermilly, le premier me passe sous le nez à cause de végétations encombrantes qui me contraignent à garder la bouche grande ouverte pour la photo finale.

Je viens de rater mon premier casting.

A six ans, maman m'accompagne tous les matins à l'école primaire.

Le seul véritable souvenir que je conserve de cette institution religieuse est cuisant : j'y revois les cinq doigts de ma main gauche, joints en leur sommet, attendant que la bonne sœur les « caresse » de délicieux petits coups de règle. « Allez, gauche patte, la prochaine fois, tu écriras avec l'autre main » !

Les résultats ne se font pas attendre : j'écris avec la « belle main » mais de droite à gauche, à l'envers, si bien que ma prose n'est correctement lisible qu'à l'aide d'un miroir !

Je suis mis au coin et j'ai mal.

Effets immédiats : pipi au lit, bégaiement, maladresses et risée de toute la classe.

A huit ans, très peu de copains et pas d'amis. Les jeux violents me font peur.

Je papillonne plus volontiers avec les filles du quartier que je ne fréquente les trépidants Michel Crolier, Jacques Prieur et autre Jeannot Laxerrois.

Ce fils de boucher, dont la maison jouxte celle de mes parents, m'appelle « tête de veau » car il trouve criante la ressemblance de mon visage ingrat avec la gueule de la bestiole qui trône en bonne place dans la vitrine du magasin familial.

Quant à Maurice Gascon, le caïd du bout de la rue, j'en ai peur.

De huit à onze ans, tout le quartier m'appelle « tête de veau », sobriquet qui marque largement mon enfance et qu'aujourd'hui encore je n'ai pas oublié !

A dix ans, je tombe amoureux.

Elle est superbe, ma fiancée. C'est la fille du charbonnier.

Je passe des heures avec Annie, assis sur un petit muret maculé d'anthracite.

Ce sont alors des conversations sans fin à l'issue desquelles nous nous raccompagnons l'un chez l'autre jusqu'à des heures que nos parents finissent par trouver indues.

Mais qu'importe, j'ai l'impression d'exister pour quelqu'un. Mon cœur bat pour un cœur.

Ces premiers émois me troublent profondément. Nous nous inventons des histoires merveilleuses

Nous jouons fréquemment au docteur, nous nous jurons fidélité pour la vie et le premier baiser maladroit que nous échangeons en ce beau jeudi de mai scelle pour toujours notre grand amour.

Mais « toujours » ne veut pas dire grand-chose quand on a dix ans !

Mon père, caissier à EDF, est muté dans le chef-lieu de département pour une belle promotion.

Nous déménageons en avril de l'année suivante.

La mort dans l'âme, je quitte ma petite charbonnière : c'est mon premier chagrin d'amour.

Je me souviens d'une immense souffrance me cinglant le cœur et le corps.

J'ai envie de mourir, de retrouver mon petit frère.

En essayant de revivre les périodes les plus importantes de ce passé, je découvre que j'ai bénéficié, ma vie durant, d'une chance insolente, presque indécente.

Je m'en étais rendu compte assez tôt mais je n'en n'avais ni mesuré l'étendue, ni envisagé ce qui aurait pu m'arriver sans elle.

Ma première grande chance d'adulte est d'avoir rencontré celle qui est devenue ma femme. Elle m'a donné quatre merveilleux enfants et beaucoup de bonheur.

Nombreux sont ceux qui nient l'existence de la chance. D'autres la rendent responsable de leurs échecs en l'accusant de n'avoir pas été au rendez-vous.

La plupart des hommes ont un moment dans leur vie où ils peuvent faire de grandes choses.

C'est l'instant magique où rien ne leur est impossible.

Ces moments-là sont rares. Il faut savoir les saisir. Ils ressemblent à cette chance qui nous croise de temps en temps et que nous sommes trop souvent incapables de reconnaître.

« C'est en allant à la mer que le fleuve reste le plus fidèle à sa source ».

Je crois aux ondes que dégage tout ce qui vit, quel qu'en soit le créateur.

J'ai le sentiment d'avoir toujours été connecté à la bonne source depuis le début de mon entrée dans le monde des adultes.

Mais je me rapproche dangereusement de la mer et le fleuve sur lequel je vogue depuis un bon moment n'est guère tranquille !

27 avril 2006. J'ai soixante ans aujourd'hui.

Lorsque l'on commence à avoir peur de vieillir, une année qui finit, c'est une pierre lancée au fond de la citerne des âges qui tombe avec des résonances d'adieu.

Je me bats maintenant contre cette idée et la perspective d'être un monsieur d'âge respectable ne me dérange plus.

J'en connais des fantastiques, gais, actifs, avec l'humour insolent de ceux qui n'ont plus l'obligation de préserver quoi que ce soit d'autre que leur bon plaisir.

Pour avoir ce comportement, il faut être en bonne santé, ce qui n'est pas exclusivement une question de chance ! C'est même une des causes, avec le suicide et ses conséquences, qui m'ont poussé à renoncer à mes dépendances.

Je joue parfois à imaginer ce qu'il serait plaisant que je devienne : nos quatre enfants tels qu'ils sont et une ribambelle de petits-enfants à qui je n'apprendrais à faire que des bêtises…

J'aimerais avoir une canne sur laquelle je feindrais de m'appuyer pour soulager mes rhumatismes mais qui servirait à taper sur les empêcheurs de tourner la vie en dérision…

J'aimerais me vautrer dans un fauteuil Louis XV cerné de piles de livres poussiéreux que je me vanterais d'avoir tous lus.

J'aimerais, pour me reposer les yeux, écouter de la musique baroque en grignotant des bonbons sans redouter le verdict du dentiste !

Et une foule d'autres petites choses encore…

Si je devais être centenaire, ce que je ne souhaite pas, je partirais sans avoir accompli le quart de ce que j'aurais voulu faire, connaître ou apprendre…

Ce programme d'un futur de plus en plus proche est plutôt séduisant.

Reste à franchir la zone qui sépare aujourd'hui de demain.

Un pont qu'il me faut traverser seul, la tête haute, pour aller de la rive où je suis vers celle où il n'y aura plus de jugements, plus de regards hostiles à affronter.

Il faut que je me force à m'aventurer sur cette passerelle, encore épanoui, fort du pouvoir que confère l'habitude de séduire et la quitter légèrement vieilli, à peine fané.

Mais je dois me dépouiller de certains des oripeaux qui ont fait de moi un être surfait, en constante représentation.

J'ai trop longtemps été prisonnier de l'idée que l'on se faisait de moi.

Il faut que j'apprenne plus à écouter qu'à entendre, davantage à regarder qu'à voir.

Combien de temps durera cet apprentissage ?

Je n'arrive pas à vieillir de l'intérieur. J'aime plaire.

Ne plus pouvoir me reconnaître dans le merveilleux miroir qu'est le regard d'une femme, ne plus me sentir admiré, désirable, cela m'apparaîtrait comme une infirmité.

La vie exige que le corps s'effrite avant l'esprit.

Habiter son futur cadavre : l'apprentissage de la mort…

J'ai beau savoir la vieillesse inévitable, je suis décidé à poursuivre le voyage de la meilleure manière qui soit car elle me semble encore excessivement lointaine.

Un peu comme l'enfant qui dit : « Quand je serai grand ».

L'arrêt des drogues, la reprise d'un travail passionnant et l'obligation que je me suis faite de courir une heure tous les jours, tout cela a quelque peu lissé mon visage, assoupli ma peau et, par là même, fait reculer une échéance pour laquelle je suis loin d'être prêt.

Je suis maintenant bien placé pour savoir que « nul ne sait ni le jour, ni l'heure ».

Février, mars, avril, mai… Je ne sais pas, je ne sais plus, je n'ai pas mis de chiffons de papier dans la boîte depuis deux jours, cinq jours, dix jours, plus peut-être, je ne peux plus rien faire que gueuler, chialer, dégueuler tout ce qui m'habite de souffrance et de haine.

Les tremblements sont un supplice, les larmes une délivrance, les autres patients des étrangers.

Je ne connais plus personne, je m'interdis toute complicité dans cet enfer que je ne veux pas partager : c'est le mien, je le jalouse, je le cajole, je m'y complais jusqu'à un masochisme dont je me pensais incapable.

Mon corps n'en fait qu'à sa tête.

La douleur devient une fête, le Tercian un cadeau de tous les instants.

Je la tiens ma Rédemption, je le tiens mon Jardin des Oliviers.

Je le sens le Golgotha, je le reconnais le Judas ; il ne se cache même pas. Il ne va surtout pas se pendre pour un pauvre naïf qu'il envoie au Calvaire !

Je sais mes souffrances vaines mais bizarrement

chaudes et réconfortantes quand j'ai trop mal.

Je n'offre surtout rien à personne : ce que j'endure est vraiment trop précieux pour que je partage ; je veux garder tout pour moi, regarder le médecin - parangon ridicule drapé dans ses vertus - se laver les mains, la tête enfouie dans les sables d'un désert d'indifférence.

Je croise mes fous sans voir personne, je danse une valse sans temps autour des tables du réfectoire dix fois, cent fois, mille fois, oui, voilà, mille temps mais pas de mesure, mille maux mais plus de douleur, la douleur est dépassée par je ne sais quel miracle que me procure la camisole anesthésiante…

Et mon Claude, mon pote qui me voit me débattre dans ce tableau à la Jérôme Bosch, descendrait bien guincher avec moi !

Je hurle ma haine de l'humanité tout entière, mon aversion pour l'amour, j'exècre l'éducation trop sage pour être honnête que l'on m'a inculquée quand je m'appelais tête de veau, je crache sur tous ceux qui ont raté le portrait mi-vivant, mi-mort que me laisse entrevoir le miroir des lavabos, je transpire d'épaisses gouttes du sperme pourri qui ne nourrit plus mes entrailles depuis longtemps.

Ils m'ont baisé. Tous. Je ne suis plus rien que soixante-dix kilos de viande nauséabonde et putride.

Dieu n'existe pas ou, pire, c'est un vieux con qui se planque pour rigoler de ceux qui croient en une rédemption faite souffrance, en une contrition sanguinaire.

Et les cafards dansent la camarde, les rats et les punaises festoient sur mon corps glacé, les loups hurlent à la mort… Je dépose les armes, je m'assoupis, je n'ai plus mal, je suis de nouveau calme et serein, à moins que je ne rêve…

Oui, c'est ça, je rêve et ce sont des bribes de souvenirs heureux qui viennent adoucir ma souffrance et se substituer à l'affreux cauchemar.

Ce sont les bas et les hauts de la nuit.

Alors le petit matin arrive, je me laisse emmener sans résistance vers un autre temps… Un temps plus ensoleillé où je faisais l'acteur, un « temps où je m'app'lais Jacky »…

Octobre 1997.

La 9ème porte séquence 34 – 15ème – moteur – action !

Je pense ne jamais y arriver.

Je sens Polanski énervé, fatigué. Cette scène d'assassinat dans ce film diabolique est excessivement délicate à tourner.

Je dois étrangler Emmanuelle Seignier sous les yeux de Johnny Depp médusé.

Mes gestes sont maladroits, manquent de précision et plus les prises se succèdent, plus j'ai l'impression d'être mauvais.

Je sature et demande au réalisateur de reprendre la séquence le lendemain.

Il refuse.

Je rassemble tout ce qu'il me reste d'énergie, passe délicatement une cordelette au cou de l'actrice et, le visage impavide, je feins de tendre au maximum l'arme du crime. Ma victime s'écroule, je m'effondre en larmes.

« Coupez ! On garde, c'est la bonne, merci à tous ».

Polanski donne rendez-vous à toute l'équipe (une cinquantaine de personnes) le lendemain où il me faut être présent au maquillage à six heures.

Je fais mes premiers pas au cinéma mais j'ai l'impression de marcher en crabe. Maladroit mais passionné.

Je tourne onze jours au château de Ferrières pour cette importante co-production franco-hispano-américaine.

Je n'ai, pour ma part, qu'un modeste rôle dont une grande partie sera coupée au montage. Mais bon, j'y étais !

Deux mois plus tard, Jean-Pierre Mocky me sollicite pour un thriller titré *Tout est calme*.

Je suis engagé pour vingt-et-un jours de tournage dans la région de Montbéliard.

Je joue le rôle d'un père qui doit tuer sa propre fille parce qu'elle est soupçonnée d'avoir trahi la secte à laquelle ils appartiennent.

Je dois sûrement avoir une gueule d'assassin !

On m'avait prévenu : « Tu verras, Mocky est impossible, colérique, injurieux, pingre… »

Ce que j'ai vu d'un des metteurs en scène les plus controversés du cinéma français ne correspond en rien à la caricature que l'on m'en avait faite.

Ce génial original est dur, provocateur à souhait

mais il aime véritablement les acteurs, les respecte et les met en confiance.

Il est, de plus, fidèle en amitié.

J'ai connu, tout en travaillant comme un forcené, 21 jours de bonheur.

Mocky m'apprend à marcher droit.

Il me dirige dans cinq films dont le dernier, *Le Furet*, tourné à la sortie de mon hospitalisation, est présenté dans les salles au printemps 2004. Michel Serrault, Jacques Villeret, Michael Lonsdale, Dick Rivers en sont les principaux interprètes.

Mais c'est le tournage de 1999 sur les côtes bretonnes qui me laisse le souvenir le plus cuisant.

C'est ma quatrième expérience cinématographique.

Trois jours sont prévus pour *La candide madame Duff*, film tiré d'un roman d'Elisabeth Holding.

Au générique : Alexandra Stewart, Dick Rivers, Robin Renucci et Mocky lui-même.

J'y campe le personnage de « Monsieur Paul », ancien truand rangé des voitures et tué accidentellement lors d'une rixe avec l'inspecteur de police que joue le réalisateur.

Les quatre premières scènes se déroulent sans problème. Pendant les longs moments d'attente, Alexandra me demande de lui servir de répétiteur : j'en suis flatté.

Puis arrive la dernière séquence durant laquelle

Mocky-comédien, pour faire disparaître mon corps, doit l'immerger dans la Manche.

Les problèmes commencent.

Dans le scénario, il est prévu que cette partie de film soit tournée de nuit. Nous sommes en mars. Il fait très froid. La mer est à 7 ou 8 degrés.

Je demande au réalisateur de filmer en « nuit américaine », c'est-à-dire de jour avec filtre spécial. La suggestion est d'autant mieux acceptée que Mocky doit aussi prendre l'eau en tirant par les pieds le corps de Monsieur Paul sur cinquante mètres de galets jusqu'à immersion totale.

Protégés sous le costume trois pièces par une combinaison de plongée de laquelle on a découpé la capuche, nous nous attendons à des moments difficiles.

Mais nous sommes loin d'imaginer ce qui va suivre : sept minutes filmées en gros plans sont nécessaires.

Je suis frigorifié. L'eau passe par le col mal découpé de la combinaison qui ne sert plus qu'à amortir les chocs de mon corps traîné sur les galets de la plage. Je bois une demi-douzaine de tasses, surpris par certaines vagues que je n'entends pas arriver et quand l'assistant réalisateur crie « coupez », il m'est impossible de me relever.

Les pompiers, obligatoirement présents pour ce genre de séquence à risques, se précipitent et me sortent de l'eau.

J'entends tout ce qui se dit autour de moi mais je

ne vois plus rien et il m'est impossible de dire quoi que ce soit, un peu comme dans un mauvais rêve lorsque l'on veut appeler au secours.

J'ai droit à un délicieux bouche à bouche de sauveteur et j'entends Mocky vociférer : « Mais démerdez-vous, vous voyez pas qu'il est en train de crever ? ». Agréable !

Je suis entièrement dévêtu et réchauffé par des serviettes et des couvertures en amiante.

Diagnostic : hypothermie sérieuse. Tension 5.4, pouls 32. Du son mais toujours pas d'images.

Je n'ai récupéré la vue et la parole qu'à l'issue d'une heure interminable de soins intensifs prodigués par les pompiers.

Le médecin est arrivé bien plus tard pour constater que… Tout allait pour le mieux !

C'est seulement lorsque j'ai vu le film à sa sortie en salles que j'ai eu rétrospectivement très peur en imaginant ce qui se serait passé si nous avions tourné de nuit !

Petite consolation : la séquence est excellente et le mort plus vrai que nature.

1963.

Au lycée du chef-lieu de mon nouveau département, je rencontre un professeur de français exceptionnel qui me fait aimer Balzac, Chateaubriand, Hugo, Zola, Molière mais aussi Yourcenar, Sagan, Vian…

Cet homme est passionné, amoureux de la langue française.

Il m'inocule le virus qui m'a tout simplement conduit à deux drogues (saines, celles-là) qui ne m'ont jamais quitté : le théâtre et l'écriture.

A 17 ans, Monsieur Jourdain me prête ses traits pour un « triomphe » à la salle des fêtes du lycée et je découvre ce qu'un petit succès peut avoir de grisant.

Je quitte définitivement la défroque de « tête de veau » pour devenir la vedette de mon bahut !

La même année, je participe à la création, avec quelques copains, d'un groupe vocal et théâtral, « Le Quintet » dont je suis loin de me douter qu'il nous fera survivre puis vivre correctement pendant plus de trente ans.

Amateur pendant six ans puis professionnel reconnu dès 1970, le groupe se produit en concert environ 3 500 fois tant en France qu'à l'étranger.

Jacques Chancel nous reçoit dans son *Grand échiquier* et consacre au groupe une *Radioscopie*. (Emission de France-Inter où il interviewe toutes sortes de personnalités toutes disciplines confondues).

L'émission est enregistrée et diffusée le 26 décembre 1989, jour de notre « première » à l'Olympia.

Nous vivons, en trois décennies, des aventures extraordinaires qu'il serait trop long et trop fastidieux de conter ici.

Nous côtoyons les plus grands : Ferré, Ferrat, Gréco, Bécaud, Trenet, Claude François, Félix Leclerc, Vignault, Charlebois (nous sommes en tournée au Québec), Joë Dassin, Devos, Bedos, Mike Brant, Barbara, Juliette Gréco, Michael Lonsdale, Adamo, toute l'équipe de Starmania, Mimi Mathy, Nougaro, Serge Lama, le groupe Tri Yann, Guy Béart, les Compagnons de la chanson, les Frères Jacques, l'écrivain Charles Juliet, le mime Marceau et... bien sûr Mouloudji avec lequel nous travaillons pendant plus de dix ans.

Comme je le disais plus haut, je tente des expériences cinématographiques aussi passionnantes que difficiles.

Le théâtre me sollicite également pour le rôle principal de la pièce américaine d'Eugène O'Neil : *« Désirs sous les ormes »*.

C'est une nouvelle aventure et un enchantement.

Je travaille plus que de raison, ne comptant ni les kilomètres parcourus, ni les heures de sommeil.

Je fais le plus beau métier du monde qui exige une santé de fer tant physique que mentale et une disponibilité de tous les instants.

Et puis, il y a la découverte de la peinture impressionniste en général et de Van Gogh en particulier.

Une demande est faite au groupe de monter un spectacle sur l'œuvre de Vincent et sur ce que fut sa vie entre 1885 et 1890.

Je prends le travail à bras-le-corps.

Je lis toutes les biographies, je visionne au musée d'Arles tous les films et documentaires réalisés sur l'artiste, je me régale de sa peinture au musée d'Amsterdam et me nourris de ses relations épistolaires avec Gauguin, Signac et Pissaro.

Mais le choc, c'est sa correspondance avec son frère Théo que j'épluche ligne par ligne tout au long d'un émouvant bouquin de huit cents pages.

Je fais une découverte extraordinaire.

Je tombe sous le charme de ce fou génial jusqu'à presque m'identifier à lui et perdre, en écrivant une partie des textes des chansons du spectacle, un peu de ma propre identité.

Je travaille deux années pleines sur ce personnage hors du commun, écorché vif, paumé, paranoïaque, généreux mais torturé pour accoucher d'une dizaine de textes (Karim Kacel a signé la plupart des musiques) qui sont, comme l'a écrit un journaliste « autant de coups de pinceau jetés sur la toile improbable de ses révoltes ».

Ces révoltes-là sont, à ce moment-là de mon existence, un peu les miennes.

L'œuvre, lors de sa création au festival d'Avignon, est saluée autant par une critique unanime et dithyrambique que par le public et je me prends pour ce que je ne suis pas : un créateur.

Ce spectacle chanté, mais aussi théâtral, sculptural, voire chorégraphique est joué plus de cinq cents fois tant à Paris qu'en province et mis en scène par Nicolas Ramond qui me confie le rôle majeur du peintre.

Mon ego est surdimensionné.

Je le paie rapidement très cher à une période qui coïncide avec le début de mes addictions.

De plus, mes activités en « solo » ne sont pas du goût des membres du groupe qui ne m'en parlent jamais ouvertement mais me le font largement sentir.

Les non-dits deviennent aussi communs que les sous-entendus pénibles : l'ambiance est au beau fixe ! Je vais aux répétitions à reculons et, sur la fin, même les concerts me sont difficiles.

Je me perds et ne vois pas venir la rupture. Tout craque en même temps.

En 1997, mon papa décède subitement : je m'offre une lourde dépression que je ne souhaite à personne.

Cette immense douleur que je porte comme un cilice sans trop m'en plaindre, cet interminable hurlement qui ne cesse que sur une scène de théâtre ou sur un plateau de cinéma quand, loin du groupe, je me renferme sur moi-même pour griffer la toile de mes révoltes, cet acharnement à dénoncer ce qui blesse : la bassesse, la méchanceté, la jalousie, tout cela constitue le même combat, dans le vain espoir de me sauver de moi-même : un accouchement inlassablement recommencé.

Hermilly, j'y reviens.

En cette belle soirée de printemps, la petite bourgade est en émoi : Claude François donne son spectacle sous chapiteau de quatre mille places.

Bien connu dans la ville d'où je suis natif, *Le Quintet* est invité à interpréter une dizaine de chansons en première partie de la star.

A seize heures, nous procédons à un essai de sonorisation à l'aide du matériel aimablement prêté par les régisseurs de Clo-Clo.

Le travail terminé, nous nous rafraîchissons au café le plus proche lorsque nous entendons soudain : « Elles sont toutes belles, belles, belles comme le jour... belles, belles, belles comme l'amour... ».

Nous nous précipitons pour assister à la répétition de la vedette et, là, stupeur, pas de Claude François en lieu et place duquel est planté un clone vocal parfait : l'illusion trompe l'oreille la plus avertie !

22 heures 15. Nous quittons la scène, satisfaits d'un succès d'estime remporté « à domicile » avec deux

rappels en prime.

Claude François n'est toujours pas arrivé. Les organisateurs sont très inquiets.

Dans l'unique caravane mise à leur disposition, *Les Claudettes* et *Le Quintet* se changent.

Habituellement, quatre à cinq minutes suffisent aux garçons pour le démaquillage et le changement de costume... Là, on ne sait pas trop pourquoi, certains s'attardent, ont du mal, qui à faire son nœud de cravate, qui à lacer ses chaussures de ville...

Bref ! Aucun d'entre nous n'est pressé de quitter ces lieux bénis où les jeunes danseuses ne se gênent pas pour laisser apparaître tout ou partie de leur superbe anatomie : ce métier offre quelquefois de ces grâces !

23 heures. Une immense clameur salue l'arrivée de la star en habits de lumière, littéralement portée sur scène par quatre de ses gardes du corps.

Le grand show peut commencer et quel show !

Les chansons se succèdent qui sont autant de tubes.

Côté salle, l'ambiance est extraordinaire.

Côté scène, c'est du grand art.

Soudain, je repense à la sacoche que j'ai imprudemment laissée en coulisses à l'issue de la répétition.

Je quitte aussitôt les derniers rangs du chapiteau pour aller récupérer mon bien et j'ai, alors, tout loisir, dans la pénombre de l'arrière-scène, de voir le « clone François » de tout à l'heure, bien caché du public, s'égosiller pendant que la star, micro en main, articule ses textes sans sortir le moindre son !

L'un danse, l'autre chante… Le public est ravi, n'est-ce pas l'essentiel ?

Mon asile.

Une saine colère naît de mon extrême faiblesse.

Mes relations avec le psychiatre deviennent sulfureuses.

Nous avons entamé, dès janvier, une partie de poker menteur de laquelle il était sûr de sortir vainqueur tant le jeu était truqué.

Je ne me pose pas là en victime expiatoire, mais, dès mon arrivée, il avait été suffisamment bien briefé par ma femme et mon frère, lui-même psy, pour savoir qu'il avait affaire à un « mythomane, dissimulateur et manipulateur de la pire espèce » : le client idéal !

Le « petit général » ne rencontre chaque patient qu'une seule fois par semaine lorsque son cabinet privé en ville et ses activités politiques le lui permettent.

Il est craint plus que respecté car il dispose de toute une batterie de vexations et de sanctions allant de la simple réprimande devant témoins jusqu'à la détention en cellule d'isolement.

Le pouvoir de cet homme sur les fragiles patients

que nous sommes est sans partage. Il ne se prive jamais du plaisir sadique de faire souffrir davantage encore les deux ou trois trublions du pavillon qui n'ont plus grand-chose à perdre.

Je fais partie de ces fous parmi les fous.

Nos rencontres sont toujours empreintes de la plus grande civilité mais les propos vexatoires et les petites phrases assassines qu'il distille avec sourire et délectation l'exposent fréquemment à des retours de service cinglants.

Il aime la servitude de ceux d'entre nous qui sont devenus ses « sujets » mais se délecte davantage encore de la provocation.

Lorsque nos parties de ping-pong verbal manquent de piquant, le petit général en remet volontiers une couche.

A ce jeu-là, je perds souvent en cinq sets, m'écroulant à la belle parce qu'il dispose d'une résistance physique qui me fait encore défaut.

Nos sujets de conversations ne varient guère et se situent autour des critiques que je ne manque jamais de lui adresser sur sa façon inhumaine de traiter les patients.

Et quand mon état me le permet, je me rebiffe et n'hésite pas à lui asséner ce que j'ai sur le cœur. Froidement, avec discernement.

Mais une dizaine de jours après la disparition de Claude, tout dérape.

Je reproche au petit général de n'être pas assez près des malades, de ne pas m'avoir donné la possibilité de me rendre à l'enterrement de Claude et d'être, en l'ayant laissé seul dans une chambre, responsable de son suicide.

De plus, j'ai le malheur de critiquer ses absences trop répétées au goût de patients qu'il ne visite, à cause d'un agenda démentiel, que trop rarement.

Son sourire se fige, l'infirmière référente qui assiste à tous nos entretiens blêmit et le petit homme déclare alors solennellement que je suis psychotique, incurable et que je ne sortirai pas de ce pavillon tant qu'il en sera le patron.

Mon sang ne fait qu'un tour. Je me lève et retourne son bureau sur sa docte personne.

Légèrement blessé à une jambe mais meurtri à jamais dans son amour-propre, il me le fait payer très cher : trois semaines supplémentaires de cellule d'isolement !

Je m'effondre en larmes mais je viens de franchir un grand pas vers la guérison : je ne suis plus sa chose mais celui qui a osé.

Claude aurait aimé !

Après ce coup d'éclat et l'accomplissement de ma pénitence, je deviens le héraut, le chantre de ces fous que j'aime de plus en plus dans leurs différences et leurs faiblesses.

Je passe, tout en me reconstruisant, l'essentiel de mon temps à tenter de les persuader qu'ils sont encore des êtres humains et non des numéros de chambre.

Petit à petit, sans que j'en prenne immédiatement conscience, je ressemble de nouveau à ce petit Jean-Marie que je portais en moi et que je croyais mort.

Avec, en plus, une extraordinaire sensation de liberté et une volonté de sincérité que je veux inébranlables !

« Monsieur mon passé, laissez-moi passer… ».

Cette phrase de Léo Ferré devient ma prière !

Un mois plus tard.

Je suis heureux comme un gamin.

Eric, l'ami de ma fille aînée, vient me chercher tout à l'heure pour une permission de 24 heures.

Ici, on parle de permissions comme à l'armée ! Peu importe, je vais passer, pour la première fois, une journée de rêve hors de cette tôle et jouer le papy-gâteau avec ma petite-fille Andaine que je connais à peine.

Le psychiatre m'a annoncé cette nouvelle comme on donne une sucette à un enfant : « Tiens, mon petit, tu as été sage (!), tu as bien pris tes médicaments, tu as été gentil avec les infirmiers, alors, tu as droit à un bonbon ! »

Depuis ce jour-là, j'ai joui à l'avance de cette journée, sachant que le jour venu, je serai incapable d'un vrai bonheur présent, me projetant déjà dans « l'après ».

C'est un gros problème qu'il me faut régler sous peine de n'être jamais content des bonnes choses qui vont maintenant, au jour le jour, s'offrir à moi !

Je le sentais depuis un moment, c'est arrivé !

Je me fais sérieusement prendre à partie par un malade atteint de paranoïa.

A chaque fois que le hasard faisait que nous nous croisions, ce patient me promettait une correction à cause des deux cents euros qu'il m'accusait lui avoir dérobés dans le tiroir fermé à clé de sa table de nuit.

Le sachant dangereux, je m'en étais ouvert à l'infirmière-chef. Elle m'avait vaguement répondu que je n'étais pas le seul à l'avoir dévalisé. Nous étions une bonne demi-douzaine à qui il promettait régulièrement une sévère raclée.

Avec moi, il est passé à l'acte.

Ce matin-là, je ne vois rien venir.

Nous nous croisons dans un escalier qu'il descend muni d'un couteau et d'une fourchette soustraits au réfectoire.

Et là, tout se passe très vite.

Le malade, qui me domine d'environ deux marches, m'enfonce de toutes ses forces, et en hurlant comme un porc qu'on égorge, la fourchette dans le crâne et, à l'aide du couteau, me taillade légèrement la joue gauche.

Je m'évanouis après avoir dévalé, plus rapidement que je ne l'aurais souhaité, une bonne quinzaine de marches.

Je reviens à moi à l'infirmerie, perclus d'ecchymoses, quelques points de suture sur le cuir chevelu et une petite balafre au visage.

J'apprends rapidement que le patient s'est, en outre, acharné sur moi à coups de pieds et je n'ai dû mon salut qu'au bruit de ses hurlements qui ont alerté les infirmiers.

Un de ceux-là a été contraint, pour le rendre inoffensif, de l'assommer à l'aide d'une chaise, premier objet qui se trouvait à portée de main.

Je reste deux jours à l'infirmerie de l'asile et le malade est transféré dans un centre spécialisé pour psychotiques dangereux en région parisienne.

Ce qui m'a le plus gêné dans cette affaire, c'est que mes lunettes n'ont pas résisté au choc. Je n'ai pu écrire quoi que ce soit pendant plus de trois semaines.

Il ne pouvait y avoir punition plus sévère.

J'ai trahi la confiance de ma femme, de mes enfants, de ma mère, de mes frères et soeurs : j'aurai du mal à me le pardonner.

J'ai trahi la confiance du groupe avec lequel j'ai passé près de trente ans de ma vie : j'aurai du mal à me le pardonner.

J'ai trahi la confiance des amis auxquels j'ai emprunté de l'argent : j'aurai du mal à me le pardonner.

Mais au sortir de mes internements, je n'étais pas uniquement motivé par des sentiments de repentance.

Je tenais à prouver à ceux qui ne m'avaient témoigné que sécheresse de cœur, jugement hâtif, mépris et surtout incompréhension, que je n'étais pas encore bon pour la décharge municipale.

Je réussirai de nouveau, il le fallait.

J'allais redevenir quelqu'un.

J'allais pouvoir sourire à celles et ceux qui se sont permis de porter un jugement sur les erreurs que je reconnais avoir faites, mais qui ne concernent que les personnes qui en ont été les victimes.

Je me lance aujourd'hui dans une nouvelle aventure

avec la fougue du néophyte, aidé par les douloureuses expériences d'un récent passé.

Après avoir, pendant des années, floué tout le monde, je me retrouve à la fois maître et esclave de mes errements.

Cela m'interdit tricherie et mensonge.

Avril 2003.

Je suis sorti de l'hôpital psychiatrique depuis six mois.

Aidé par une amie qui a accepté de m'accompagner autant par affection que par curiosité, je suis allé assister à la « générale » de la dernière création du *Quintet* qui a, contrairement à ce que je pensais, continué à travailler sans moi. Nul n'est indispensable : encore un bon petit coup pour mon orgueil !

Arrivés légèrement en retard, nous avons dû traverser la salle remplie aux trois quarts d'un public qui m'attendait plutôt côté… Scène !

Poignées de main furtives, regards entendus ou surpris, amis encore fidèles ou sourires hypocrites, je ne saurai jamais.

Toujours est-il que nous avons assisté à un spectacle bien ficelé, empreint d'émotion et, pour ce qui me concerne, de nostalgie.

J'ai voulu, ce soir-là, exorciser plus de trente ans de vie professionnelle et affective communes, d'amitiés partagées, de baisers volés, de souvenirs inextinguibles…

Je me suis lourdement trompé. Je me suis fait mal.

Tout est encore trop frais.

Je ne suis même pas allé saluer les artistes en coulisses, le courage m'a manqué.

Je suis encore beaucoup trop marqué.

La nuit suivante, je reçois un coup de téléphone de mon frère Gérard.

Maman est transportée d'urgence à l'hôpital avec une vilaine fracture du col du fémur.

C'est la troisième fois en six mois. Les médecins sont pessimistes. Ils vont quand même tenter l'opération mais craignent qu'une nouvelle anesthésie générale ne vienne à bout d'un cœur déjà très fragilisé.

Je reviens de l'hôpital. C'est affreux. Maman est attachée sur son lit de douleur parce que très agitée et hurle des mots incompréhensibles. Elle est en plein délire et nous espérons tous (j'ai cinq frères et sœurs) qu'elle ne souffrira pas trop longtemps.

Je n'ai pas encore parlé de mes parents.

Mon père, homme modeste, probe et droit, a toujours œuvré pour le bien-être des autres.

Il a été, à EDF, responsable syndical, ce qui lui a coûté plusieurs importantes promotions, puis, jeune retraité, s'est responsabilisé dans des associations caritatives.

Il avait une belle plume, une grande culture et s'est mis à écrire, à 75 ans, ses mémoires.

Il a offert à ses descendants un cadeau inestimable : en deux cent cinquante pages, ses souvenirs d'enfance, de prisonnier de guerre, de père de famille nombreuse, ses joies et ses douleurs, sans pudeur ni exhibitionnisme exagérés.

Nous avons, avec ce précieux document, véritablement connu notre père.

Il est décédé en 1997 de la meilleure mort pour celui qui part : une crise cardiaque.

Papa a été, pour moi, un confident, comme un ami à qui l'on peut parler sans craindre le moindre jugement.

Je n'ai toujours pas fait le « deuil » de son départ et il m'arrive souvent de penser aux câlins qu'il me prodiguait lorsque, à l'âge de cinq ou six ans, j'avais de gros chagrins.

Ma mère, que je n'ai jamais véritablement aimée comme je l'aurais dû, était moins à notre écoute et passait ses journées à travailler au ménage, lavage (lavoir municipal) et repassage des habits que, très tard dans la soirée elle cousait, reprisait et tricotait.

J'admets, bien volontiers, que ce travail de titan pour les six enfants que nous étions l'accaparait entièrement mais j'aurais aimé qu'elle me prenne de temps à autre dans ses bras : j'avais besoin d'entendre tant de belles choses, tout doucement, dans le creux de l'oreille.

Je me souviens m'être longtemps considéré comme sentimentalement orphelin de mère bien qu'elle ait été toujours présente au foyer.

Plus tard, et durant toute ma vie d'adulte, cela s'est arrangé et nos relations ont été de moins en moins superficielles.

Aujourd'hui, maman se trouve à la croisée des chemins.

Je vais fréquemment l'embrasser dans sa maison de retraite.

Elle est heureuse de me serrer dans ses bras mais ne cesse de demander au Seigneur de venir la prendre pour l'emmener là où elle retrouvera papa.

Saint-Sauveur, juin 2002.

Aujourd'hui, tout va mal. Je me traîne. Je suis un jouet, un objet inutile.

Pourquoi, bon sang, pourquoi un internement si long ? (Question pour laquelle je n'ai toujours pas trouvé, aujourd'hui, de réponse satisfaisante).

Lorsque je suis rongé par l'impression d'être un fardeau, de ne plus dégager que tristesse et monotonie, je me dis que j'ai tort de tenter une reconstruction, que je présume de mes forces.

Autant crever dans une pharmacie ou un PMU : solution qui reste, une fois sorti de ma prison, envisageable.

C'est ce que ferais si je conjuguais le quotidien au singulier.

Mais, heureusement, même si je les vois rarement, je ne suis pas seul : mes enfants m'entourent, m'aiment et j'ai le secret et fol espoir de reconquérir ma femme.

Au manoir, une insupportable détresse me ronge ; un hurlement de loup séparé de sa horde me déchire les oreilles, plainte que je suis seul à entendre. Je n'ai pas le droit de crier une solitude que j'ai provoquée !

J'ai la douloureuse impression d'un endormissement intérieur.

Je pourrais l'appeler sérénité, mais je sais que c'est tout autre chose : une léthargie qui me paralyse…

Je voyage encore au fil de mes dépendances comme un voilier de course. Depuis des mois, je suis amarré au quai de carénage. Pourrais-je un jour reprendre la mer, caracoler sur les vagues, jouer dans la tempête, ou suis-je condamné à me laisser bercer par une eau morte.

Cette solitude vécue parmi d'autres solitudes emploie une nouvelle tactique en m'attaquant par le dedans. Elle grignote mon enthousiasme et sape mes révoltes. Je suis coincé dans une impasse par cette sorcière. Elle ne me laisse aucune issue.

Puisque j'ai choisi de préserver mon apparence, je dois en payer le prix. Je me débats pour défaire les liens qui m'entravent, je refuse de laisser la rouille gripper les mécanismes de l'esprit, en un combat quotidien et opiniâtre.

Mais le petit général m'annonce une probable visite de ma femme. Je voudrais lui montrer ce que je suis en passe de devenir : un homme debout et libéré.

Je décide donc, en usant de subterfuges enfantins, de suspendre la prise des médicaments (à l'exception des injections auxquelles je ne peux me soustraire) jusqu'à cette date.

Mais viendra-t-elle ?

1967/2001 : trente-quatre ans de vie commune stoppés net par mes errements.

Mais je refuse de tout prendre à mon débit.

L'absence de dialogues entre nous sur des sujets qu'elle estimait tabous (argent, drogues, jeu) a largement contribué à nourrir mes addictions.

Mon épouse refusait, par exemple, de suivre l'évolution des finances familiales, se reposant sur une entière confiance en moi. Malheureusement, cela m'a permis de jouer aux courses sans problème, d'emprunter aux banques et à nos amis communs sans avoir à expliquer quoique ce soit.

J'ai largement profité de ces facilités.

Je l'ai trompée. Je lui ai menti, je l'ai trahie.

Elle a vécu pendant treize mois auprès d'un mari qu'elle pensait atteint d'un cancer, qui jouait aux courses l'argent du ménage et qui se droguait à la codéine.

C'est là que j'aurais aimé que cette femme, extraordinaire par ailleurs, me demande des comptes, m'ouvre davantage son cœur, me dise ses attentes sans pudeur, me confie ses envies et ses craintes.

Nous aurions pu alors éviter une grande partie du gâchis généré par tous mes excès.

Aujourd'hui, un fossé s'est creusé, définitivement je le crains, qui annihile pour l'avenir toute velléité de reprise de vie commune.

Certaines cicatrices vont se refermer. D'autres pas.

J'ai vécu avec un personnage étonnant.

Jolie, généreuse, dévouée, entière, volontaire, elle a été la femme précieuse que je n'ai pas su garder. Notre union a été, avec les quatre superbes enfants qu'elle m'a donnés, mon plus grand bonheur. Notre séparation : l'échec de ma vie.

J'ai attendu le jour de sa visite comme on attend le Messie.

Elle n'est pas venue. Elle ne viendra plus !

Je perds pied.

Je me procure auprès de Robert qui peut sortir en ville, une lame de rasoir et me taillade les poignets pendant la sieste, sachant que je ne resterai pas longtemps seul. Le bien-être que procure la lente perte de sang ne me surprend pas, on m'en avait parlé.

Je sombre rapidement dans un profond sommeil sans cauchemar, une sorte de vide complet duquel je ne sors qu'à l'infirmerie le soir même.

Cette seconde tentative de suicide est sanctionnée par un nouveau séjour de deux semaines en cellule d'isolement… Merci encore, mon général !

J'en suis sorti aussi « frais et dispos » qu'à l'issue des deux premiers ! L'homme a cette immense propension de s'habituer à tout, même au pire.

21 juin 2002, fête de la musique.

Aujourd'hui, le pire est arrivé.

Branle-bas de combat au pavillon : un malade vient de blesser d'un coup de couteau une aide-soignante qui lui aurait refusé un comprimé de tranxène. La scène s'est déroulée devant mes yeux, vers 16 heures.

Le patient est de ceux dont on n'entend jamais parler. Je me demandais même de quelle pathologie il pouvait bien souffrir pour être parmi nous.

L'accident s'est passé très vite, sans que quiconque ne voie rien venir. Je faisais les cent pas, comme tous les jours, entre les tables et les chaises du salon lorsque j'entendis : « Au secours, venez vite, il l'a tuée ».

L'homme, après avoir planté l'arme dans le thorax de Claudine, se tenait là, hébété, livide, le couteau ensanglanté à la main. Il contemplait sa victime et semblait bizarrement étranger à l'acte qu'il venait de perpétrer. Il se fit ceinturer sans problèmes par un infirmier et deux patients venus à la rescousse.

Lorsque je suis arrivé à l'asile, j'ai été très surpris de constater que les couverts mis à notre disposition pour les repas n'étaient pas en plastique.

J'en ai fait, en son temps, la remarque à une infirmière qui m'a répondu qu'aucune consigne n'était expressément donnée dans ce sens et que la responsabilité d'un « improbable accident » incomberait, non pas au médecin psychiatre mais au surveillant général, patron du personnel soignant et de l'intendance.

Lorsque l'on connaît la dangerosité potentielle de certains malades (psychopathes, schizophrènes, paranoïaques), on peut s'étonner de ce laxisme.

L'agression que j'ai moi-même subie aurait dû, pour le moins, servir de leçon. Mais non ! On a attendu cet accident pour que les couteaux et fourchettes en fer soient retirés de la circulation !

Claudine, heureusement, s'en est tirée de justesse. On ne la revit jamais à Saint-Sauveur !

Juin 2004.

Seul dans mon appartement, je commence à pratiquer ma propre analyse. C'est chose ardue !

Ce cahier qui se remplit, puzzle qui prend forme, est un aimant qui me rend d'humeur casanière.

Le plaisir d'être seul m'était devenu étranger et je le retrouve avec bonheur, d'autant que c'est un indice de l'équilibre mental que je recherche.

Mais attention, pour rester librement en tête-à-tête avec soi-même, il faut se sentir bien dans sa peau ; se complaire dans la solitude quand on ne tourne pas rond, c'est prendre un risque considérable car elle aggrave l'anxiété.

Tous ceux qui ont eu des crises d'angoisse connaissent ces sables mouvants de la neurasthénie, ces hauts et ces bas quasi-quotidiens, sorte d'opposition chronique entre le bien-être et la souffrance.

Mais pourquoi, dès les années 2000, ai-je commencé à envisager le suicide comme solution idéale ?

Par épuisement, attiré par l'espoir d'enfin dormir ?

Parce que je voulais échapper à mon miroir et à la « tête de veau » que me renvoyait le regard des autres ?

Un peu pour ces deux « bonnes » raisons mais aussi et surtout parce que je ne me supportais plus... Je devenais misanthrope. A ne plus m'aimer, je n'aimais plus personne et m'excluais dangereusement de la société.

Je ne pensais pas constamment à me supprimer mais je m'y intéressais trop.

Selon l'humeur du jour, j'approuvais ou réprouvais ce geste, excessif dans les propos que je m'adressais, qu'ils soient sévères ou indulgents, fasciné que j'étais par l'acte lui-même.

Je restais hypnotisé par cette séduisante délivrance : la mort choisie devenait seul synonyme de liberté.

Il y a un fait, cependant, dont je me souviens avec précision qui, alors, me semblait logique et très représentatif de cette lutte entre le corps et l'esprit : chaque fois que j'envisageais les diverses possibilités qui s'offriraient à moi au cas où, finalement, je me déciderais à passer de l'autre côté du miroir, je cherchais celles qui m'éviteraient la douleur physique, plus effrayé par la souffrance que par la mort elle-même !

Le processus de l'autodestruction est simple.

Pendant la crise d'angoisse, le désir de mourir surpasse tous les autres, il est même séduisant : il ressemble à un sommeil paisible, à un paysage calme, à un départ vers un pays serein.

On sait que ce voyage est interdit mais cela ne n'en atténue pas le charme. Au contraire.

On se suicide lorsque l'on a davantage peur de la vie que de la mort. Lâcheté.

On entre alors dans une phase de duplicité. On se triche, on se ment, on prépare son coup en douce !

On se sent extraordinairement lucide, et l'excitation d'échapper à ceux qui vous persécutent en vous retenant, sans le savoir, au seuil de cet envol, augmente la fascination qu'il exerce.

La crise passée, que reste-t-il de cet enthousiasme forcené pour l'au-delà ?

Une immense fatigue, la terreur d'avoir pu céder aux sirènes meurtrières des heures folles de l'anxiété.

La victime de cette dichotomie profonde est véritablement sincère dans son espoir de survivre, comme dans sa tentation de devenir son propre assassin…

Ce paradoxe est assez invraisemblable pour être crédible et pourtant il est rigoureusement exact.

C'est grisant de sentir les idées rouler dans sa tête, surtout au sortir d'une pesante léthargie et je ne résiste pas au plaisir de les laisser s'écrire.

La chimie, le jeu et le mensonge ne se contentaient pas d'étendre leur camouflage sur les autres, ils m'aidaient à me déguiser, ils étaient une armure sans laquelle je me serais révélé faible et privé du véritable courage qu'il m'aurait fallu pour affronter les évènements par lesquels j'étais dépassé.

Je ne me reconnaissais plus.

Fin juin 2002.

L'ambulance me ramène du tribunal de grande instance avec une casserole supplémentaire à traîner.

Je suis placé sous curatelle renforcée, c'est-à-dire déresponsabilisé de toute contingence matérielle au point de ne pouvoir plus signer quoi que ce soit sans l'aval de mon curateur, qui se trouve être, en l'occurrence, ma femme.

Elle a également toute latitude d'accepter ou non mes demandes de permissions.

Elle a refusé celle que je viens de solliciter pour passer mon deuxième week-end hors de l'asile chez ma fille aînée.

Une semaine plus tard, sur demande de mon épouse, le gérant des tutelles de l'hôpital m'informe que, désormais, c'est lui qui prend la responsabilité de mon « indigence » mentale et de mes finances inexistantes !

Si j'ai bien compris le juge du tribunal, la disposition de mise en curatelle renforcée est faite pour protéger le « malade » contre lui-même et sa propension à dépenser plus que de raison.

Aujourd'hui, je n'ai plus rien que d'importantes dettes et le produit de la vente de notre maison pour en rembourser une partie. Alors, pourquoi cette mesure ?

Ma dignité d'homme est encore mise à rude épreuve. Rien ne me sera épargné dans cette maison de fous.

Pourquoi enfoncer quelqu'un, qui n'a déjà plus pied, dans le marécage de ses cauchemars ?

Pour bien faire comprendre au malade mental qu'il est tout à fait à sa place... Que c'est pour son bien... Que c'est pour guérir ? Cela est vraisemblable.

Les tranquillisants me font de nouveau les yeux doux mais je ne cède pas à leur charme.

Depuis que j'ai cessé de les avaler, je me suis constitué un stock considérable de neuroleptiques de toutes sortes... Au cas où...

Le petit général et les infirmiers sont tellement obsédés par un suicide intra-muros que, si mon petit manège était découvert, je goûterais une fois encore aux délices du mitard.

Mais ils n'ont pas les moyens de leur politique.

Chacun d'entre nous, s'il le veut, peut déjouer la surveillance des prises de médicaments pour laquelle le personnel est assez laxiste et trop peu nombreux.

L'odeur d'herbe fraîchement tondue, le ciel uniformément bleu, je suis presque désorienté par la gaieté qui m'envahit.

Peut-être parce qu'elle n'est pas excessive comme celle qui succède aux déprimes des montagnes russes. J'éprouve un vrai bien-être, calme, naturel.

Mon état d'esprit actuel semble confirmer les dires du corps médical, mais superstition ou prudence, j'attendrai avant de proclamer que j'ai gagné mon pari. Ensuite, il me restera à oublier ce voyage en solitaire. Enfin, pas complètement. Il me faudra le garder en toile de fond pour n'avoir pas à le recommencer…

Est-ce que je vais savoir m'installer dans la vie saine, accepter l'existence telle qu'elle est, les gens et les choses tels qu'ils sont ?

Même quand je me sens bien comme en ce moment, le chemin qui me reste à faire pour atteindre la sérénité me semble ardu…

Pour naviguer d'une rivière marécageuse et improbable jusqu'à la source d'eau fraîche que l'on convoite, il y a une traversée que je suis en train d'effectuer dans la douleur.

L'union du drogué que je suis encore avec l'abstinent total que je veux devenir débute par un sinistre voyage de noces sur une galère dont je suis le seul rameur.

Rien à voir avec la gondole à Venise… Si je quitte le bateau, c'est la rechute.

Il faudrait que ce soit moi avec moi et non plus moi contre moi.

Depuis que je suis arrivé ici, à Saint-Sauveur, la désintoxication morphinique présente deux visages : celui des douleurs physiques et celui des tortures de l'esprit.

Je savais que mon corps se révolterait contre la suppression de mes drogues favorites. On m'avait prévenu. J'en bave… La punition est sévère mais presque acceptable…

Sur le moment, quelles saloperies, les crampes ! Elle m'arrachent au sommeil, et je suis là, comme un con, les orteils retournés en éventail, le mollet tendu comme une corde à violon, les larmes aux yeux tellement la souffrance est aiguë.

Il paraît que l'eau soulage… Encore faut-il, pour vérifier le remède, pouvoir aller jusqu'aux lavabos !

Alors, je supporte l'insupportable en espérant que le sommeil vienne me reprendre rapidement.

Par contre, la déchirure mentale que provoque le manque de codéine est une autre histoire.

Les sables mouvants de la confusion, les vertiges des trous de mémoire, tout cela procède à une remise en question de la pensée.

La mécanique se démonte, le château de sable s'écroule et, tout à l'entour, il y a l'horrible prédateur, l'invincible termite qu'est le doute…

Je suis dans le désert.

Mes appels à l'aide, mes hurlements, ne percent pas le bâillon qui me sépare des autres.

C'est, sans relâche, la terreur d'être irrémédiablement cassé.

Les regrets affolés du passé nourrissent le vide de l'instant présent.

Bien entendu, on me brandit l'espoir d'un futur attrayant, carotte destinée à faire avancer l'âne pantelant que je suis devenu.

J'ai poliment feint d'afficher un mieux-être pour faire plaisir, pour rassurer et aussi pour qu'on me laisse tranquille, persuadé néanmoins de rester incompris.

Je connais, pour m'être renseigné, des établissements privés dans lesquels, outre les soins appropriés à leurs différentes pathologies, les patients conservent ce qui leur reste de plus cher : la dignité.

Je me suis longuement demandé pourquoi on m'a jeté ici, dans cet asile pauvre et délabré, pour suivre cette trop longue cure qui me mène vers une existence de pantin inutile, alors qu'un lieu et des soins plus propices auraient été aussi efficaces et m'auraient psychologiquement et physiquement moins marqué.

La réponse est toute simple : mon proche entourage veut m'évacuer pour un long moment parce que je reste potentiellement dangereux !

Si ceux qui m'ont fait interner ici subissaient le quart de ce que j'y endure, ils le regretteraient.

Enfin, je l'espère !

C'est le Tour de France et la période de gloire pour Marcel qui, comme chaque année à pareille époque, se pare de ses plus beaux atours de coureur cycliste.

Marcel est hospitalisé depuis plus de dix ans. Il se prend pour Anquetil, se fait appeler Jacques et tous, patients et soignants, respectent ce choix.

Pendant la vingtaine de jours que dure la grande boucle, il calque sa vie sur celle des champions professionnels et de 11 à 15 heures (il se fait ravitailler en sandwichs et boisson sucrée régulièrement) nous gratifie quotidiennement d'un nombre incalculable de tours de manoir, juché sur un vrai vélo pro que lui ont payé ses économies.

Toute la « population » de l'hôpital joue le jeu et, à l'arrivée, il grimpe les marches d'un podium improvisé pour y recevoir les félicitations de deux ou trois « officiels » qui se prêtent volontiers à la fête.

Les pensionnaires se sont même cotisés pour lui offrir le bouquet du vainqueur et un jeu de deux tuniques jaunes : une pour la course, l'autre qu'il enfile par-dessus la première comme le font les champions à la télévision.

Deux patientes se sont proposées pour la bise quotidienne car Jacques, encouragé par tous les malades qui ont l'autorisation de sortir dans le parc, gagne, bien sûr, l'étape tous les jours puis se fait masser par Corinne, sa copine et rejoint rapidement la salle de télé afin de ne pas manquer l'arrivée, la vraie, en maugréant des phrases pas toujours compréhensibles mais qui semblent signifier que le Tour de France n'est plus ce qu'il était !

Ce cas de dédoublement de la personnalité n'est pas rare au manoir.

La blonde et plantureuse Claudine se prend pour Marilyn Monroe, le ténébreux Laurent pour Alain Delon et nous avons droit, de temps à autre à un concert improvisé des *Beatles* que sont Christophe, Michel et Robert. Quant à Jean-François, le quatrième chanteur, il organise, à l'aide d'un téléphone factice, les tournées et la promotion du groupe !

Des patients s'improvisent même, de temps en temps, journalistes et nul « artiste » ne se fait prier pour répondre aux interviews, avec d'émouvants détails sur la vie que chacun mène depuis… des lustres.

Ces mascarades seraient insupportables et désolantes si celles et ceux qui les proposent ne semblaient heureux de nous faire entrer dans leur univers ludique et onirique, le seul qui vaille pour tous ces malades dont l'essentiel de la vie est déjà ailleurs…

Juin 2003

Plus d'un an d'abstinence totale et je rechute. Je viens d'avaler une demi-boîte de codoliprane, médicament que l'on peut acheter en pharmacie sans ordonnance.

Je retrouve instantanément l'euphorie que procurent les opiacés. Je sais que l'effet recherché ne durera que deux ou trois heures mais je suis hors de combat, K.O. debout, incapable de lutter contre un nouveau mal-être qui me prend par surprise.

Je suis seul, atrocement seul.

Et le mot est faible pour exprimer, lorsque la drogue a terminé son boulot de complaisance, le froid de ce désert. On ne guérit jamais d'une dépendance qui vous a confisqué corps et esprit durant plusieurs années. Le volcan est en sommeil mais il bouillonne de l'intérieur.

Et quand, brusquement, après plusieurs jours de guerre, l'ennemi dépose les armes, quand la voix destructrice se tait, on reste abasourdi…

On attend un peu avant de se redresser, et on garde la méfiance du chien battu qui hésite à prendre le sucre qu'on lui tend !

La rechute n'a duré que quatre ou cinq jours.

Alors, lorsque la bête s'est éloignée, je me suis offert, assommé de somnifères, quelques nuits réparatrices assorties de réveils difficiles, sans tirer, pour autant les fusées d'alarme.

C'est là que l'orgueil est un allié précieux.

Mon travail aussi, dans ces cas-là, m'aide beaucoup. A l'association *Revivre* qui lutte contre l'alcoolisme et la précarité, je donne sans compter à des gens qui, sans jamais se plaindre ouvertement, souffrent, pour la plupart, d'éthylisme chronique.

Quel est le poids de mes petites gélules codéinées au regard de l'immense souffrance qu'ils tentent de cacher mais qui transparaît dans les exercices que je leur propose en ateliers d'écriture ?

Cette relativité m'aide à passer ces moments délicats.

Fin juillet 2002.

Au centre hospitalier spécialisé de Saint-Sauveur-le-Manoir, les jours et les semaines s'enchaînent au rythme chaotique des hauts et des bas, implacable cheminement, euphorie et désenchantement sans cesse recommencés.

Quel maléfice met le Haut hors d'atteinte et vous pousse vers le Bas ?

Je patauge à la recherche d'une bouée de sauvetage et d'une idée à laquelle je puisse me cramponner pour m'extirper de ces sables mouvants.

Je veux regrimper vers la lumière.

Je m'essouffle, je m'approche, j'y suis presque : c'est la pause, le sursis mérité.

Je m'y repose mieux et plus longuement que lors de l'étape précédente et j'ai même la naïveté de croire que ce bien-être va durer !

Mais un rien, une contrariété, une insignifiante dispute avec un copain de chambre et c'est reparti.

Montagnes russes aux creux variés, aux bosses épuisantes, aux virages dangereux…

Insomnies et tentations de plonger dans les angoisses recommencent à grignoter les nerfs.

Un supplice qui finit par cesser, sans raison.

A la sortie du tunnel, je reste éberlué, encore un peu chiffonné, égaré comme on l'est parfois en descendant d'un train, très tôt le matin, sur un quai inconnu. Car si le cauchemar est bien fini, il me reste à apprendre une autre manière de vivre.

15 Août 2002.

A force de nous laisser ingérer nos pilules et comprimés sans trop faire attention, le personnel infirmier a permis à quelques patients de les glisser sous la langue et d'en faire collection. On ne sait jamais, ça peut servir…

Aujourd'hui, Lucette, la brave Lucette, toujours perdue dans ses pensées, toujours seule, jamais une visite, jamais un coup de téléphone, jamais un courrier, a décidé d'avaler tout son petit trésor.

Les jours fériés, et particulièrement celui-là, le pavillon est à demi dépeuplé, tant à cause des patients en permission que des soignants en congés. Elle en a profité.

Lucette n'a probablement pas souffert très longtemps compte tenu du nombre considérable de cachets de tranxène 50 qu'elle avait cachés depuis deux bons mois dans la doublure de son sac à main.

Un infirmier l'a découverte inanimée dans la chambre qu'elle partage avec Natacha et Sylvie. Cette dernière, présente ce jour-là, dit n'avoir rien vu, rien présagé.

La patiente est décédée lors de son transfert pour l'hôpital général.

Depuis ce jour, la distribution des traitements se fait quinze minutes plus tôt. Les infirmiers prennent le temps de bien faire attention à la déglutition des gélules et des comprimés... Plus aucun écart n'est d'ailleurs tenté. De plus, une fouille générale a eu lieu et, comme certains autres patients, j'ai dû me séparer de ma collection !

Est-ce vraiment plus mal ?

Le lendemain, hasard ou coïncidence, Léon hurle à qui veut l'entendre que Dudulle s'est évadée.

Sa souris se sentait vraiment trop mal.

« Elle a eu raison. J'espère qu'ils ne vont pas la retrouver... De toute façon, elle est bien trop habile pour se faire repérer... Elle sait qu'elle peut revenir quand elle veut mais c'est bien qu'elle soit heureuse. Ici, ça n'est pas possible, ils sont trop méchants ! »

Voyant Léon complètement désemparé, au bout du rouleau, j'essaye de le consoler, de le raisonner. Je lui raconte que Dudulle a fait comme moi, qu'elle a pris le car pour aller faire un tour et, que, comme moi, elle reviendra.

- Mais alors, elle va aller au mitard ?

- Non, Léon, ils ne la verront pas plus revenir qu'ils ne l'ont vue partir. Elle est trop maligne !

Et, miracle, Dudulle est revenue se jucher sur l'épaule de son « papa ».

L'odeur du poisson pané, des frites molles, des brochettes de dinde bouillies… On ne pleure pas pour une odeur, c'est ce que prétendent les gens raisonnables.

Ces gens-là ne pleurent que sur une déclaration d'impôts ou des vacances pourries à Saint-Tropez.

On pleure pour ce qu'on peut.

Au fond, les larmes n'ont d'autre utilité que de calmer des nerfs douloureux.

Mais où est mon bel humour d'antan ?… L'aurais-je laissé dans une boîte de médicaments ou au fond d'un PMU ? Tout m'irrite en ce moment. De là à dramatiser mes rendez-vous quotidiens avec le réfectoire qui pue le désinfectant et l'eau de vaisselle, il y a un pas que je ne devrais pas franchir.

Je suis tout simplement très fatigué et perdu en un endroit que je connais pourtant depuis sept mois !

Alors, lorsque je vais vraiment trop mal, je me réfugie dans mon passé souvent revigorant et j'aime à revivre les plus beaux moments de ma carrière de saltimbanque.

Août 1993. Troisième édition du *Festival Eclaté*.

J'en suis, au sein du *Quintet*, l'un des créateurs et le responsable de la communication.

Cette année-là, nous recevons Léo Ferré.

L'affaire n'est pas facile à réaliser. Léo habite l'Italie et ne s'est plus produit sur scène depuis longtemps. Il nous faut plusieurs semaines de négociations pour que le vieil anar accepte d'être la locomotive de ce petit train culturel éclectique (chanson, danse, jazz, théâtre, concerts classiques) et organisé dans une vingtaine de communes de la région.

Ferré arrive, avec sa compagne Marie-Christine, trois jours avant la date prévue de son concert. Déjà malade, il entrecoupe tous ses repas de deux mini siestes où il somnole quelques secondes, les yeux mi-clos.

Chacun se demande ce que va être la qualité de son récital prévu au théâtre de verdure de Saint-Augustin. Un engouement considérable accompagne l'événement. Les médias nationaux sont là. Une conférence de presse est organisée la veille du spectacle qui rassure tout le monde : Léo a encore bon pied, bon œil et le verbe haut.

Quant au concert, il est empreint d'une rare émotion. Le public pardonne à l'artiste ses quelques trous de mémoire jusqu'à ce qu'un énergumène se lève et gueule : « Escroc, va apprendre tes textes ! ».

Alors, comme par miracle, le récital change de ton.

Léo redevient Ferré. Vexé, piqué au vif, le beau Léo, crinière au vent, en une diatribe bien sentie, fait souffler sur le théâtre de verdure un bise de révolte et son récital est un triomphe.

Nous nous apprêtons alors à aller dîner avec l'artiste, invités par le maire de la ville.

« Vous n'avez pas vu Léo ? » s'enquiert Marie-Christine, sa compagne ?

Depuis une bonne demi-heure, la foule a quitté les lieux. Les régisseurs démontent sono et éclairage quand je débusque le chanteur accoudé au bar du festival en compagnie de… Guy Roux avec lequel il devise depuis un bon moment.

Habitant la région de Turin, Ferré, passionné de foot, est supporter de la Juventus et de… l'A.J. Auxerre dont il suit les exploits en coupe d'Europe des clubs. De son côté, Roux est inconditionnel de Ferré dont il connaît une bonne partie du répertoire. Quelle rencontre !

Guy aime l'œuvre et admire l'homme depuis toujours alors que Léo est passionné par la manière dont l'entraîneur bourguignon, avec peu de moyens, réussit dans le monde du football international.

Roux est évidemment invité au dîner municipal et jusque tard dans la nuit, nous refaisons le monde du foot et de la chanson.

Ce récital de St-Augustin sera malheureusement son dernier, Léo Ferré s'éteindra quelques mois plus tard.

« Jean-Marie, je peux vous voir ? »

Le petit général, pour la première fois, m'appelle par mon prénom. Je crains le pire.

« Bon ! On se connaît bien, tous les deux. »

...

« Je sais, je vous ai emmerdé mais il le fallait. »

...

« Pour votre guérison. »

...

« Vous allez me manquer. Si, si, vous allez nous manquer à tous. »

...

Il a dit ça sans sourire, sans même un rictus et a cru bon ajouter :

« A très bientôt. Il est fort probable que vous fassiez partie des 80 % de patients qui reviennent nous voir régulièrement » !

...

Ce petit discours d'encouragement est mon bon de sortie mais le petit général vient peut-être de dire ce qu'il fallait pour que nous ne nous revoyions jamais !

Ce psychiatre* a fait le lit de ma souffrance pendant de longs mois et il termine… en beauté.

Je reste planté là, comme un con…

Je prépare mes affaires en dix petites minutes.

Je n'ai même pas le temps des « au revoir ».

C'est toujours comme ça ici. Personne n'a le temps de souhaiter quoi que ce soit aux copains tellement les départs sont précipités.

Je pars comme je suis arrivé : dans l'urgence. Une urgence qui a duré près de trois cents jours et je ne suis pas sûr d'aller préparer des lendemains qui chantent ! Je m'en vais… Mais où ?

Ma propriété a été vendue pour payer une grande partie de mes dettes, ma femme habite une petite maison campagnarde acquise par le compagnon de ma fille Marie : je ne suis attendu nulle part. Alors ?

*Juillet 2008. Je viens d'apprendre, avec soulagement, que le psychiatre de Saint-Sauveur, devenu député, s'est mis en disponibilité de la médecine.
Mais le plus drôle, c'est que le « petit général » a été nommé membre de la commission de la défense nationale et des force armées ! On ne prête qu'aux riches !

Un pas après l'autre.

C'est un peu vexant à admettre mais je suis à peu près certain que les problèmes qui s'offrent à moi maintenant sont provoqués par de tout petits ennuis que je grossis à dessein.

Autrefois, j'aurais réglé ces histoires sans en être trop affecté…

Quand on a été en béton pendant des décennies, on s'étonne, après deux années de purgatoire, de se découvrir fragile.

J'ai d'abord essayé de refuser cette faiblesse qui m'humiliait. Mais on ne nie pas une évidence : avoir un système nerveux devenu délicat n'a rien de dramatique. J'ai cru que c'était une séquelle due à mes addictions. Mais non ! C'est davantage en rapport direct avec l'ingestion des substances supposées m'avoir soigné.

Etre vulnérable ne signifie pas que l'on manque de force, mais demande simplement une dépense d'énergie supplémentaire.

Cette lucidité m'épuise !

Elle me suit partout, éclairant d'une lumière crue

les êtres et les choses, sans pitié.

Le soleil laisse des ombres, pas elle.

Plus aucune tendresse n'éteint son projecteur.

Finalement, tout est simple. Je suis arrivé à un carrefour :

A gauche, une route qui descend, bordée de fleurs, attrayante, pleine de rires et de fêtes, mais courte. Elle mène à un village sinistre, habité d'une pharmacie, d'un bar PMU, d'un asile d'aliénés et d'un cimetière.

A droite, un chemin qui monte par paliers, plein de ronces, de chardons et d'aubépines. On s'y déchire les pieds sur les cailloux, mais il sent bon…

On s'essouffle en grimpant mais les mûres y sont juteuses et si l'on coupe les orties, l'herbe verte est épaisse pour s'y reposer !

Il paraît que si l'on arrive au sommet, l'air a la pureté de la liberté et l'âme est devenue si ferme que l'on peut regarder le soleil les yeux grands ouverts !

Je vais prendre mon courage à deux mains, laisser mon passé à la consigne et m'attaquer au raidillon, tranquillement, sans rien bousculer.

Reste à savoir ce qui m'indiquera que j'ai réussi mon insertion dans un monde prétendu sain. Sur quel critère se base-t-on pour décider qu'on est « normal » ?

Etre étiqueté fou est facile. Il suffit d'être différent ou original pour devenir suspect.

De toute façon, chaque fois que j'ai essayé de me fondre dans une masse, j'ai échoué.

Gamin, je jouais avec les filles, au collège je faisais « mon intéressant » aux dépens de mes professeurs désarmés et, plus tard, j'ai épousé une profession marginale qui fait largement parler d'elle : les intermittents du spectacle !

C'est bien connu, « les braves gens n'aiment pas que l'on suive une autre route qu'eux ».

Il y a peu de temps encore, les drogues cachaient ce qui me déplaisait, gommaient ce qui m'effrayait, m'aidaient à voguer en évitant les récifs.

J'étais persuadé de connaître le bonheur, je n'en vivais qu'une approche artificielle.

C'était une erreur, pas un mensonge.

Rien n'a changé dans les faits. Seule ma façon de les voir s'est modifiée.

L'arrêt du jeu et des opiacés a dénoué le bandeau que j'avais sur les yeux mais les fusils de la douleur humaine sont toujours braqués sur moi.

Je les regarde la tête haute, sans provocation ni révolte ; et si, parfois, j'ai encore un léger tremblement dans les mains, j'accepte l'inévitable.

J'ose regarder le maigre peloton des rescapés. Calmement.

Il est formé de ceux que j'aime. Ce sont les seuls susceptibles de me blesser encore et les seuls à pouvoir panser les cicatrices de ces blessures.

J'ai gardé le tissu qui m'a, pendant neuf mois, aveuglé en psychiatrie.

Il me servira dorénavant de mouchoir parce que, plus jamais, je n'aurai honte de pleurer.

Depuis que j'ai quitté la psychiatrie hospitalière, je consulte régulièrement une analyste malgré mon désir plusieurs fois répété de m'en sortir seul.

Car je croyais être sorti de l'auberge, c'était présomptueux. Je ne suis guéri que des autres, pas de moi-même. Les psychotropes que j'ai avalés en hôpital m'ont davantage abîmé que sauvé !

Je vis maintenant seul, exercice nouveau, périlleux, acrobatique.

Je suis donc contraint de museler mes sentiments comme le chien qui, même épuisé, ne dort que d'un œil.

La peur s'atténue, disparaît même par moments, mais je ne parviens jamais à oublier qu'elle reste tapie, somnolant au plus profond de moi. Elle n'est pas un ennemi car elle s'offre comme un cadeau à chaque fois que j'arrive à la vaincre. Un trophée ! Et la crainte d'en souffrir à nouveau me rend vigilant.

Ces deux années m'ont vraiment fait très mal.

Assoiffé dans un désert où plus grand-chose ne pousse, je ne prends plus aucun risque.

L'oasis sur laquelle je revis aujourd'hui ne doit pas se changer en mirage car j'ai vu et vécu à Saint-Sauveur des choses horribles, terrifiantes. J'y ai aussi connu et aimé des « fous » géniaux, généreux et tendres.

J'ai vu partir Victor à l'électrochoc et n'en revenir que trois jours plus tard, en héros méconnaissable.

J'ai vu l'institutrice Honorine manger ses excréments avec une gourmandise de boulimique.

J'ai entendu, trois semaines durant, de la cellule d'isolement, les cris déchirants d'Olivier hurlant sa détresse, sa haine des médecins et gueulant pendant des heures qu'il allait faire la peau au petit général si on le privait encore longtemps de ses deux petites jumelles de deux ans qu'il n'avait pas vues depuis trois longs mois.

J'ai assisté au calvaire de Mohamed crachant des giclées de sang après avoir avalé une lame de rasoir.

J'ai entendu Léon hurler de bonheur lorsque Dudulle s'est de nouveau perchée sur son épaule.

J'ai aidé Catherine tout au long de sa cure de désintoxication et l'ai empêchée, un jour de Saint-Valentin, d'ingurgiter une bouteille d'eau de Cologne qu'elle avait réussi à se faire apporter par un mari intentionné mais trop naïf.

J'ai vu Marcel remporter son dixième Tour de France.

J'ai saccagé le bureau de ce toubib vicelard et sadique lorsqu'il a osé me dire que j'étais psychotique incurable et que, de toute façon, quoique je fasse, je ne m'en sortirai jamais.

J'ai pleuré de joie en voyant partir Nathalie rejoindre les trois enfants qu'elle avait laissés aux services sociaux parce qu'un « corbeau » avait fait courir à son endroit d'horribles rumeurs d'inceste sur les deux plus jeunes d'entre eux…

J'ai vu… J'ai vécu… J'ai entendu…

Mais j'ai surtout aimé, plus que je ne l'aurais soupçonné, cet attachant nid de coucous à l'envol desquels je n'ai pas eu la joie d'assister !

Je ne suis sorti de l'asile qu'en octobre 2002.

Comme je le laissais entendre plus haut, après cette première colo sanitaire, on m'en a imposé une autre guère plus distrayante au foyer thérapeutique du chef-lieu de département afin de parfaire ma « guérison ».

Ça n'était guère mieux, voire pire au niveau de la vétusté des bâtiments.

La grande différence était la possibilité de sortir en ville. Liberté qui n'était qu'illusion car que faire de toutes ces journées sans un euro en poche ? Errer encore sans avoir la possibilité de s'offrir, pour se réchauffer et tuer le temps, ne serait-ce qu'un café…

La psychiatre du foyer thérapeutique, mise au courant de mes frasques par son confrère, m'a accueilli très fraîchement mais sans animosité particulière.

Les médicaments moins lourds m'ont permis d'écrire un peu et j'ai pu commencer à vider mes boîtes Banania en tentant d'établir un semblant de chronologie dans ce que j'avais vécu à l'asile.

Mon compagnon de chambre était un jeune garçon de dix-neuf ans. Il attendait son procès en cours d'assises pour avoir violé une gamine de treize ans. Il s'est confié à moi comme à ce père qu'il dit n'avoir jamais eu.

C'était un gros bébé en apparence mais les infirmières s'en méfiaient car il avait encore, malgré la chimie, des pulsions qu'il ne parvenait pas à réfréner.

Ce môme, mineur au moment des faits, a bénéficié de circonstances atténuantes.

POST-FACE

Ce livre aura été une thérapie. Mais j'aimerais qu'il soit aussi et surtout un témoignage : c'est la seule raison qui, à mes yeux, justifie sa publication.

Ce que j'ai voulu dire, c'est que j'ai vécu des moments horribles, indicibles, presque irréels qui m'ont semblé, et me semblent encore aujourd'hui étrangement disproportionnés avec les maux dont je souffrais.

Ce que j'ai voulu dire, c'est que l'on n'a pas le droit d'enfermer et de faire vivre ensemble, 24 heures sur 24, des patients atteints de pathologies aussi différentes tant dans le diagnostic psychiatrique que dans les symptômes qui l'accompagnent.

Ce que j'ai voulu dénoncer, c'est l'absence d'humanité dont a fait preuve pendant tout mon séjour le médecin psychiatre pour lequel nous n'étions tous que des cobayes et des sujets.

Ce que j'ai voulu dénoncer, et là sur un plan plus général, c'est la grande pauvreté dans laquelle tente de se mouvoir l'organisation de la thérapie psychiatrique.

Ce que j'ai voulu dire enfin, c'est que cette camisole chimique pour le moins aliénante est imposée davantage pour nous dompter, nous rendre inoffensifs que pour nous guérir.

Nul ne sort indemne de ce genre d'incarcération, quelle qu'en soit la durée.

Oui, l'électrochoc existe encore.

Oui, tous les patients quels qu'ils soient, tel le costume rayé du bagnard, sont contraints de porter le pyjama toute la journée tant que le petit général n'a pas décidé qu'ils approchaient de la guérison.

Oui, la dignité de chacun est mise à rude épreuve.

Oui, l'enfermement en cellule d'isolement est un véritable scandale.

Oui, la pratique de l'injection de neuroleptique touche tous les arrivants qui, au bout de quinze jours, sont méconnaissables. Ils tremblent, bavent, vomissent tripes et boyaux.

Pour ce qui me concerne, j'ai toujours eu la chance que la volonté de m'en sortir ne m'ait quitté que très rarement, aidé bien sûr, par la thérapie d'une écriture quasi quotidienne et par une équipe d'infirmiers et d'aides-soignants attentifs et compétents qui, coincés entre fer et enclume, font ce qu'ils peuvent avec ce qu'ils ont.

Ce que je demande dans ce que l'on appelle les

centres hospitaliers spécialisés, c'est de la dignité et un minimum d'humanité.

Ce que je reproche le plus aux responsables des hôpitaux psychiatriques, c'est de soigner les conséquences des pathologies, quelles qu'elles soient, mais jamais leurs causes.

Et là, ça n'est pas le travail du psychiatre mais du psychothérapeute avec lequel le patient devrait être en dialogue fréquent et régulier. Or, ici à l'asile, personne pour écouter et dialoguer, si bien que celles et ceux qui n'ont ni la possibilité de « vomir » leurs problèmes par écrit, ni la volonté farouche de s'en sortir, sont livrés à eux-mêmes, prisonniers de la camisole chimique.

Au bout de trois semaines, les malades alcooliques – désintoxication réussie ou pas – sont priés de quitter les lieux car les lits sont chers dans les centres hospitaliers spécialisés.

Même chose pour les dépressifs (je suis l'exception que j'aurais préféré ne pas être), les névrotiques et quelques psychotiques légers.

Aucun projet de réinsertion ou de soutien en aval pour tous ces patients qui, pour 80% d'entre eux, reviennent à l'hôpital dans les deux années qui suivent leur premier internement (statistiques nationales).

C'est vrai, les lieux sont vétustes, la promiscuité et l'oisiveté forcée dévastatrices mais, je le répète, le plus gros problème que rencontrent l'administration psychiatrique et son ministère de tutelle me semble être l'absence patente de praticiens recherchant les causes des différentes pathologies dont souffrent les pensionnaires de ces lieux de soins mentaux.

Et puis ce fut la vie retrouvée.

Un premier travail à l'association *Revivre* pour y créer des ateliers d'écriture, de lecture et d'initiation au théâtre en direction de malades alcooliques et d'hommes et de femmes en perdition m'est proposé.

En novembre 2003, le directeur de l'institut de formation de la Croix-Rouge me confie la responsabilité des remises à niveau en français et culture générale d'élèves infirmières et aides-soignantes préparant leur concours d'entrée à l'école.

Ce travail me passionne et me permet, outre de trouver un appartement, de reprendre pied dans la vie professionnelle puisque j'y suis investi de responsabilités importantes.

Je dispense des cours de français, de structuration de textes, d'orthographe et de syntaxe.

J'ai une vingtaine d'élèves par promotion et après l'examen écrit, je les aide à la préparation autant technique que psychologique d'un oral délicat et très sélectif. Ces nouvelles formes de responsabilités sont autant de preuves d'une reconnaissance professionnelle dont j'ai bien besoin après être sorti de plusieurs années de purgatoire, de doutes et de pertes de repères.

Aujourd'hui, mon activité principale est devenue l'écriture de témoignages, de romans et de pièces de théâtre.

J'y trouve autant de plaisir que de me produire sur scène, d'autant qu'il m'arrive encore de « faire l'acteur » dans quelques films, au rythme des demandes et de mes envies.

Il n'est évidemment plus question de remplir un agenda dément…

Comme on dit au poker, j'ai payé pour voir !

Je ne suis pas fier de ce parcours.

Je suis tout simplement heureux de m'être sorti, presque seul, du cloaque dans lequel je m'étais enlisé.

Il faut à ma femme se reconstruire en me laissant la responsabilité d'en faire autant.

Dans les instants les plus terribles vécus à l'asile et

au foyer thérapeutique, mes enfants, par leur soutien, m'ont sûrement sauvé d'une nouvelle tentative de suicide qui aurait été la bonne.

Maman, mourante à l'instant où j'écris ces lignes, (juin 2008) a été mise au courant de tout mon parcours et a noué avec moi, ces trois dernières années, une qualité de dialogue dont j'avais été privé auparavant.

Mes frères et sœurs, après quelques mois de méfiance bien compréhensible, m'ont de nouveau tendu la main.

Il ne me reste que quelques amis (les vrais). Je ne les nomme pas, ils se reconnaîtront.

La plupart de mes débiteurs ont fait preuve d'amitié, de délicatesse et de beaucoup de mansuétude.

Mais surtout, je serai redevable, tout le reste de ma vie, à celles et ceux qui ne m'ont jamais jugé.

A cause ou grâce à ce que j'ai vécu depuis décembre 2001, je pense être sorti fortifié et grandi de ce bourbier dans lequel j'aurais pu cent fois m'enliser.

Je m'aime de nouveau, je n'ai plus peur du regard des autres.

Je suis prêt à… vivre… tout simplement.

Pour des raisons de discrétion, certains noms de personnes et de lieux ont été modifiés par l'auteur.

Merci à :

Armande et Jean-Marie Gobry-Val

Charles Juliet

Michael Lonsdale

Jean-François Nivet

Editions Les 3 Génies
11 rue Chalgrin, 75016 Paris
les3genies@orange.fr

Maquette ML Lanceau
Impression AIFB - ZI rue des Prés Borets 77820 Le Châtelet-en-Brie

ISBN : 978-2-917952-00-9

Achevé d'imprimé en septembre 2008
Dépôt légal septembre 2008
Imprimé en France